能力を磨く

AI時代に活躍する人材「3つの能力」

田坂広志

PHP文庫

○本表紙図柄＝ロゼッタ・ストーン（大英博物館蔵）
○本表紙デザイン＋紋章＝上田晃郷

能力を磨く

AI時代に活躍する人材「3つの能力」

目次

誰もが「AI失業」を語る、しかし 誰も「対処法」を教えてくれない

第三話　ＡＩ時代に求められる「職業的能力」とは何か

「知識の修得力」よりも「智恵の体得力と伝承力」を身につける

序話　なぜ、いま、能力を磨かねばならないのか

『能力を磨く』

こうしたタイトルの本を手に取られた読者は、心に、一つの疑問を抱かれているかもしれない。

「職業人ならば、能力を磨くことの大切さは、昔から、誰もが分かっているだろう……。

なぜ、いま、改めて、このテーマの本なのか……」

その読者の問いに、冒頭、端的にお答えしておこう。

実は、これからの時代、この「能力を磨く」ということは、これまで以上に、重要なテーマになっていく。

その理由は、三つある。

第一　能力の急速な陳腐化

第二　学歴社会の崩壊

第三　ＡＩ時代の到来

それぞれ、手短に説明しておこう。

第一の理由、「能力の急速な陳腐化」とは何か。

昔から、職業人として、仕事で優れた業績を挙げ、周りから高い評価を得ようと思うならば、自身の職業人としての能力を高めていかなければならないこと、磨いていかなければならないことは、常識であった。

しかし、一昔前ならば、若い修業の時代を経て身につけた能力は、ある水準に達すると、その能力で、生涯、仕事を続けることができた。俗に言う「一生、飯が食える」状態になることができた。

だが、現代は、いわゆる「ドッグ・イヤー」「マウス・イヤー」と呼ばれる時代。「過去の七年の変化が、一年で起こる」、もしくは、「過去の一八年の変化が、一年で起こる」と言われるように、社会や市場、産業や職業の変化が激しくなっている時代である。

そのため、**若い修業の時代に苦労して身につけた仕事の能力も、その社会や市場、産業や職業の変化に伴って、急速に陳腐化してしまうため、誰といえども、常に新たな能力を身につけ、磨いていかなければならなくなっている。**

そして、この問題を、さらに切実な問題にしているのが、いわゆる「人生、百年時代」と呼ばれる変化である。

もとより、人間としての寿命が長くなることは有り難いことであるが、誰にも百歳近くまでの人生が与えられるようになると、一つの人生の中で、職業そのものも、何回か変え

ることになり、それに伴って、生涯を通じて、新たな能力を身につけ、磨き続けていくことが求められるようになる。

それが、「能力の急速な陳腐化」という意味であり、「能力を磨く」ことが求められる第一の理由である。

次に、第二の理由、「学歴社会の崩壊」とは何か。

現在の二一世紀初頭の日本社会は、二〇世紀の工業社会の時代を終え、すでに情報社会、知識社会をも超え、「高度知識社会」と呼ぶべきものになっている。

しかし、それにもかかわらず、現在の我が国の教育制度は、いまだに工業社会における人材育成のパラダイム（基本的枠組み）から脱することができていない。

たしかに、**二〇世紀の工業社会を振り返れば、我が国の教育制度の下で生まれてくる「高学歴」の人材は、仕事においても、優れた能力を発揮する人材であった。**それは、「勉強ができる」ということが、そのまま「仕事ができる」ということを意味した時代でもあった。

しかし、二一世紀の高度知識社会においては、現在の我が国の教育制度の下で生まれて**くる「高学歴」の人材は、必ずしも、仕事において優れた能力を発揮する人材ではなくなってきている。**

なぜなら、高度知識社会とは、絶え間ないイノベーションが続く社会であり、大企業や大組織よりも、ネットワーク的に結びついた個人が活躍する社会であり、魅力的な夢や志を語り、人間関係力や人間力によって仲間を集め、優れた仕事を成し遂げていくリーダーシップが求められる社会である。

従って、**これからの高度知識社会において活躍する人材とは、**例えば、

「イノベーション力」
「ネットワーキング力」
「リーダーシップ力」

といった力を発揮できる人材であるが、残念ながら、**現在の我が国の教育制度は、こうした高度知識社会に必要な人材を育てる制度になっていない。**

そのため、現在の社会においては、「高学歴の人材」が期待ほどに活躍できないという現象が、しばしば起こっている。言葉を換えれば、「勉強ができる人材」が「仕事ができる人材」を意味しない状況になっているのである。

すなわち、**この高度知識社会において「仕事ができる人材」になっていくためには、「学歴」に安住することなく、「勉強ができる」という能力に慢心することなく、職業の現場で求められる高度な能力を身につけ、磨いていかなければならないのである。**

それが、「学歴社会の崩壊」という意味であり、「能力を磨く」ことが求められる第二の理由である。

では、第三の理由、「ＡＩ時代の到来」とは何か。

実は、我々が、これからの時代に「能力を磨く」ことが求められる理由としては、この第三の理由が、最も大きな理由である。なぜなら、これから**人工知能**（ＡＩ：Artificial Intelligence）の開発が進み、広く社会に普及していくが、この**「ＡＩ時代」には、これまで人間が担ってきた仕事の極めて多くが、ＡＩによって代替されていく**からである。

そのため、我々は、ＡＩでは代替できない能力、人間にしか発揮できない高度な能力を身につけ、磨いていかないかぎり、いわゆる「ＡＩ失業」という状況に陥ってしまう。

それが、「ＡＩ時代の到来」という意味であり、「能力を磨く」ことが求められる第三の理由である。

さて、以上述べた三つが、これからの時代、「能力を磨く」ということが重要なテーマになっていく理由であるが、やはり、最も大きな理由は、「ＡＩ時代の到来」である。

実際、いま、世の中を見渡すと、多くの書籍や雑誌が「ＡＩ失業」について語っている。ＡＩの導入と普及によって、どのような職業がＡＩに置き換わっていくか、どのような職業の人間が失業することになるかを述べている。

しかし、それらの書籍や雑誌は、**これからＡＩによって、どのような職業が淘汰されるかについては、様々な形で語っているが、では、これからのＡＩ時代において、「淘汰されない人材」となり、さらには「活躍する人材」となるためには、どのような能力を、ど**

のようにして磨いていくべきかについては、あまり語っていない。

そこで、本書においては、これから、そのことを語ろう。

まず、第一話においては、AI時代の到来によって、人材に求められる能力が、どう変わるかを述べよう。

次に、第二話においては、学歴社会の崩壊が、いま、どのように起こっているかを述べよう。

そして、第三話から第五話においては、AI時代に活躍する人材の「三つの能力」について、それが、どのような能力であるか、その能力を、いかにして身につけ、磨いていくか、それぞれ述べていこう。

まず、次の第一話では、AI時代に何が起こるのか、そのことを語ろう。

第一話 「知的職業」の半分が失業する時代が来る

誰もが「AI失業」を語る、しかし誰も「対処法」を教えてくれない

「ＡＩ革命」の嵐は、想像を超えた失業を生み出す

冒頭、敢えて、著者が抱く厳しい未来予測を述べよう。

まもなく「ＡＩ革命」の嵐が到来する。

そして、その結果、現在の予想を遥かに超える失業が発生する。

従って、我々は、その前に、ＡＩに淘汰されない高度な能力を身につけなければならない。

しかし、そう述べると、読者の反応は、大きく二つに分かれるだろう。

一つは、次の反応である。

「たしかに、書籍や雑誌、新聞やウェブでは、

ＡＩの普及によって、不要になる職業が増えると言っているが、
おそらく、自分の職業は大丈夫だろう……」

もう一つは、次の反応である。

「これから多くの職業がＡＩによって置き換わると言われているが、
自分の職業も、その一つになることを恐れている。
では、どうすれば良いのか……」

いま、この本を手に取られている読者は、おそらく、後者の思いを心に抱いているのではないだろうか。

そうであるならば、読者は、これからのＡＩ革命の嵐を超えていくことができるだろう。

いや、そればかりでなく、その嵐を超え、ますます活躍する人材になっていけるだろう。

なぜなら、これまでの職業と産業の歴史を振り返るならば、急激な技術革新の嵐によって、いくつもの職業や産業が淘汰され、消滅してきたが、**淘汰され、消滅した職業の人々**

には、実は、「共通の特徴」があるからだ。

それは、何か。

「持つべきときに、持つべき危機感を、持たない」

残念ながら、それが、時代に淘汰される人材の「共通の特徴」である。

逆に言えば、「持つべきときに、持つべき危機感を、持てる」ということは、その人材の「優秀さ」でもある。

実は、そのことを改めて感じたエピソードがある。

「自分の仕事は不要になる」との危機感を持つ人こそ活躍する

二〇一六年、著者は、ある団体から講演の依頼を受けた。

毎年、様々な業界から数多くの講演依頼を受ける立場ではあるが、これは、驚きを覚えると同時に、感銘を受けた講演依頼であった。

それは、東京の税理士会からの講演依頼であったが、依頼者から、どのような講演テーマを希望するかを聞いて、驚いた。

講演会を主催する依頼者は、真顔で、こう言ったのだ。

「これからやってくるＡＩ革命によって、我々の業界の仕事は、一〇年以内に、半分が不要になると思っています。そのときに備え、いま、我々税理士が、どのような能力を身につけておかなければならないか、教えて頂きたい」

驚いた理由は、著者に対する講演依頼は、未来予測、情報革命、知識社会、企業経営、働き方、生き方など、様々なテーマでの依頼があるが、これほど切実な危機意識で講演を依頼してくる例は、決して多くないからである。

そして、感銘を受けた理由は、この東京の税理士会が、ＡＩ革命の脅威をいち早く予見し、その具体的な対応策を考えていることであった。

いま、世の中では、加速する技術革新に伴い、様々な変化が急激に起こり、その変化の結果、短期間に、一つの市場や産業、業界や事業、さらには職種や仕事が消滅することなど日常茶飯事になっている時代であるが、先ほど述べたように、**こうした変化の中で、淘汰される企業や人材は、そもそも、その変化を脅威と感じておらず、持つべき危機感を持たない企業や人材である。そして、その危機を乗り越えるための必要な対策を怠ってきた企業や人材である。**

その意味で、いち早く、強い危機感を持って講演依頼をしてきた、その税理士会の姿勢には、感銘を覚えた。

たしかに、その通り。**これからＡＩの技術が急速に発達し、世の中に普及し、社会の在り方、企業の在り方、仕事の在り方を劇的に変えてしまうだろう。そして、その結果、人**

材に求められる条件を根本から変えてしまうだろう。

従って、この東京の税理士会の危機感、これから一〇年以内に、税理士や会計士の仕事の半分がＡＩに置き換わっていくという危機感は、決して大袈裟ではない。

いや、それは、税理士や会計士の業界だけではない。弁護士や司法書士を含め、いわゆる**「サムライ（士）業」の仕事も、かなりの部分がＡＩに置き換わっていくだろう。**

さらに、それは、「サムライ業」に携わる人材だけではない。**大企業の中で「知的職種」に携わっている人材も、その仕事の多くを、ＡＩに奪われていく。**

例えば、銀行の審査業務に携わる人材は、その大半が仕事を失う可能性があり、企業内で法務や経理、さらには、調査や人事に携わっている人材も、その仕事の多くをＡＩに奪われ、配置転換を余儀なくされたり、職を失う人材が出てくるだろう。

しかし、それにもかかわらず、**大企業で働く多くの人々は、いまだ、この「ＡＩ失業」とでも呼ぶべきものの本当の怖さを理解していない。**

それは、昔から、我が国の企業社会に根強く存在している組織文化や精神風土である「根拠の無い楽観論」や**「ゆでガエル症候群」**の表れでもあるだろう。「ゆでガエル症候群」とは、よく知られているように、カエルをぬるま湯の中に入れ、徐々に加熱していくと、ゆで上がって命を失うまで逃げようとしない、その姿から命名された「心理的傾向」のことである。

では、なぜ、これからのＡＩの発達と普及に伴って、大規模で深刻な「ＡＩ失業」が起こるのか。

そのことを理解するためには、まず、次の二つのことを理解しておく必要がある。

第一　現在の知的労働の現場において、人間に求められている能力は何か。

第二　それらの能力のうち、これからＡＩが代替していく能力は何か。

そこで、最初に、「現在の知的労働の現場において、人間に求められている能力は何か」について述べよう。

現在の高度知識社会では、誰にも「五つの能力」が求められる

冒頭、要約して言えば、**現在の知的労働の現場において、人間に求められているものは、次の「五つの能力」**である。

まず第一は、「基礎的能力」と呼ぶべきもの。

これは、知的労働に取り組むときの「**知的集中力**」や「**知的持続力**」であり、その仕事に、どれほど没頭できるか、どれほど継続できるかの能力である。いわゆる「**知的スタミナ**」と呼ばれる能力でもある。

第二は、「学歴的能力」と呼ぶべきもの。

これは、端的に言えば、「**論理的思考力**」や「**知識の修得力**」であり、現在の我が国の教育制度では、この能力の高い人間が、入学試験に強く、偏差値の高い有名大学を卒業し、いわゆる「高学歴」と評価される人材となる。一般に「**勉強ができる**」**と評される能力**である。

ここで「**知識**」(knowledge)とは、**言葉で表せるものであり、書物や文献を通じて学ぶことのできるもの**である。従って、これは「**文献的知識**」と呼ぶこともできる。

第三は、「職業的能力」と呼ぶべきもの。

これは、実社会において「**仕事ができる**」と評されるようになるために、**必ず求められる能力**であり、例えば、発想力、企画力、会議力、プレゼンテーション力、営業力、交渉力といったものは、すべて、この能力である。そして、この「職業的能力」の基本は、「**直観的判断力**」や「**智恵の体得力**」であるが、これは「学歴的能力」の基本である「論理的思考力」や「知識の修得力」とは全く違った、より高度な能力である。

ここで「**智恵**」(wisdom)**とは、言葉で表せないものであり、経験や体験を通じてしか**

掴むことのできないものである。従って、これは「**体験的智恵**」と呼ぶこともできる。

第四は、「対人的能力」と呼ぶべきもの。

これは、相手の考えを理解し、相手の気持ちを感じ取る力や、相手に自分の考えを理解してもらい、自分の気持ちを伝える力であり、総じて「**コミュニケーション力**」と呼ばれる能力である。高度知識社会において、しばしば重要性が指摘される「**ホスピタリティ力**」（**接客力**）も、その本質は、この「コミュニケーション力」である。

しかし、この「コミュニケーション力」の最も高度な部分は、言葉の使い方や話し方といった「言語的能力」ではない。実は、「**コミュニケーション力**」の**八割は、言葉ではなく、眼差しや目つき、表情や面構え、仕草や身振り、姿勢やポーズ、雰囲気や空気といったものを通じてメッセージの交換を行う「非言語的能力」**である。

第五は、「組織的能力」と呼ぶべきもの。

これは、一つの組織やチームを預かったとき、その組織やチームを適切にマネジメントできる能力のことであり、そこでリーダーシップを発揮できる能力のことである。

しかし、二〇世紀の工業社会においては、この「**マネジメント力**」や「**リーダーシップ力**」の源泉は、経営陣から与えられた「権限」や「権力」によって人を動かし、人を従わせることであったが、二一世紀の高度知識社会においては、多くの人々が、自発的に、共に働き、共に歩もうと思ってくれる「**人間関係力**」や「**人間力**」こそが、「マネジメント力」や「リーダーシップ力」の源泉になってくる。

以上、「五つの能力」について要点を述べてきたが、高度知識社会における知的労働の現場で仕事をするためには、このように、

第一「基礎的能力」(知的集中力と知的持続力)
第二「学歴的能力」(論理的思考力と知識の修得力)
第三「職業的能力」(直観的判断力と智恵の体得力)
第四「対人的能力」(コミュニケーション力とホスピタリティ力)

第五「組織的能力」（マネジメント力とリーダーシップ力）

という「五つの能力」が求められる。

では、これに対して、これから、知的労働の現場に普及していくＡＩには、どのような能力があるのだろうか。そして、それらの能力は、人間の持つ能力に対して、どのような「強み」があるのだろうか。

人間がＡＩに絶対にかなわない「三つの能力」とは何か

これも冒頭、要約して言えば、ＡＩは、人間の能力に比べて圧倒的な強みを持つ「三つの能力」を持っている。

第一が、「無制限の集中力と持続力」である。

これは、改めて説明する必要はないだろう。コンピュータは、どれほど膨大な情報でも、どれほど時間がかかっても、全く疲れを知らず、処理することができる。

その意味で、**AIとの比較になった瞬間に、人間の持つ集中力や持続力という「基礎的能力」は、全く勝負にならない。**

例えば、将棋AIや囲碁AIは、自分自身との対局を行うことによって学ぶ「自己学習」ができるが、一晩に数千局の対局も容易にできる。これに対して、人間は、一晩に、たかだか数局の自己対局ができる程度である。

第二が、「超高速の論理的思考力」である。

この点でのAIの凄みを思い知らされたのは、一九九七年に行われた、チェスの世界王者ガルリ・カスパロフとAIディープ・ブルーの対局であろう。

よく知られているように、このチェス対局では、初めてAIが世界最高の頭脳を持つ人間に勝利したのだが、チェスの盤面を前に、何手も先を読む「**論理的思考力」という点で**

は、人間はコンピュータにかなわない事実を、改めて突きつけられた出来事であった。

しかし、この頃は、まだ、「チェスは、比較的ゲームが単純だからコンピュータでも勝てたのであって、ゲームがもっと複雑な将棋や囲碁での勝利は難しいだろう」と思われていた。

だが、現実には、それから二〇年を経ずして、すでに、AIは、将棋においても、囲碁においても、人間の最高の頭脳に勝利している。

こうした事例に象徴されるように、もはや、人間の「論理的思考力」は、AIには全くかなわない段階に入っている。

そして、我々が何よりも脅威と感じるべきは、こうしたことが、ただチェスや将棋、囲碁といったゲームの世界だけでなく、日常のビジネスの世界でも、次々と起こっていることである。

例えば、すでに二〇一五年の段階で、欧米の先進的な法律事務所では、AIが、何百枚もの契約書の膨大な条項の中から、見直すべき箇所を見つける仕事を行っている。これは、従来、若手弁護士や弁護士補助職（パラリーガル）の仕事だったものである。

また、米国のある金融系企業では、かつて六〇〇名いたトレーダーが、ＡＩの導入によって、現在では二名になっている。

では、なぜ、こうした仕事が、いち早くＡＩに置き換わっているのか。

その一つの理由は、いま例に挙げた二つの仕事は、いずれも、**「人間の心」や「顧客の心」を相手にした仕事**ではないからである。言葉を換えれば、「人間の心」や「顧客の心」に対処するためのコミュニケーション力やホスピタリティ力を必要とせず、純粋に「論理的思考力」で処理することのできる仕事だからである。

しかし、こう述べると、銀行の窓口業務や、ホテルのフロント業務など、「顧客の心」を相手にする仕事は、当面、ＡＩに置き換わることは無いと思われるかもしれないが、これも、実は、それほど楽観できる話ではない。

なぜなら、今後、ＡＩもまた、音声対話技術の向上などとあいまって、それなりに「ホスピタリティ」的な対応ができるようになるため、銀行の窓口業務なども、資産運用相談などで求められるレベルの高度で成熟したホスピタリティ力を身につけていない人材は、コストの点でも、正確さの点でも、早晩、ＡＩに置き換わっていくからである。

これは、ホテルのフロント業務も同じであり、ただ「笑顔で応対」といったレベルの仕事をするだけで、高度で成熟したホスピタリティ力によって顧客対応ができない人材は、早晩、ＡＩに置き換わっていくだろう。

近年、大手の都市銀行がＡＩの導入計画と大幅な合理化・リストラ計画を発表しているが、これから他の業種でも、同様に、大規模なＡＩリストラとＡＩ失業が発生することになるだろう。そのときの深刻な問題は、これらの人材が職を失うこと以上に、これらの人材が他の業種に移ったとき、その業種で求められる高度なホスピタリティ力を発揮できるかということである。

これからのＡＩ時代には、いかなる業種でも、高度で成熟したホスピタリティ力が求められるが、それは、永年の接客経験を通じて身につくものであり、一朝一夕の訓練で身につけることのできないものである。言葉を換えれば、一つの職場や職種で、永年、身につけてこなかった力は、新たな職場や職種において、急いで身につけることはできないということを、肝に銘じておくべきであろう。

従って、まもなく到来するＡＩ時代を見据えるならば、**我々は、いかなる職場や職種にあっても、日々の仕事を通じて、このホスピタリティ力を身につけ、磨いていくことを意識するべきであろう。**その具体的な方法については、後ほど、第四話で詳しく語ろう。

「論理に強い」だけでは、ＡＩに淘汰されてしまう

話を戻そう。

いま、書店に行けば、「ロジカル・シンキング」の本が数多く積まれており、「論理的思考力」を鍛えることが職業人としての能力を高めるために重要だと考える人が多い。

たしかに、仕事をするために、基本的な「論理的思考」ができることは不可欠だが、**これからの時代、ただ「論理的思考」に強いだけでは、その人材は、いずれ、ＡＩに置き換**

わってしまうだろう。

かつて、著者が子供の頃は、算盤ができて、計算が速い、正確だということだけで、「仕事ができる」と評価された。

しかし、それから情報革命が進み、パソコンが普及し、計算ソフトが手軽に使えるようになってからは、「算盤ができる」「計算が正確だ」ということは、「仕事ができる」ということを全く意味しないものになった。

同様に、これからの時代には、「論理的思考」が中心の仕事は、次々とＡＩに置き換わっていくため、ただ「論理的思考」に強いというだけでは、「仕事ができる」と言われなくなっていく。

実際、米国のある企業の修理工場では、顧客からの製品の修理依頼に対して、ＡＩがその製品の詳細な設計情報をもとに、論理的に故障個所を調べる手順と、効率的な修理の手順を考え、その手順を現場の作業員に指示し、その指示に従って、作業員が製品を修理していくということが起こっている。

これは、**ロボティクス技術の発達が、まだ、人間の指先の器用さに追いついていない**ために生まれている状況であり、ある意味で、知的労働をＡＩが担い、肉体労働を人間が担うという「機械と人間の立場の逆転」が起こっているわけである。ただし、この作業員も、高度な技能を身につけないかぎり、遠くない将来、ロボティクス技術の発達に伴って、淘汰されていくことになる。

このロボティクス技術の問題はさておき、これからのＡＩ時代に備え、我々が身につけなければならないのは、ＡＩに簡単に代替されてしまう「論理的思考力」ではなく、例えば、**顧客の何気無い表情や言葉から、顧客の気持ちを敏感に感じ取る「直観的判断力」**や**「感覚的判断力」**である。その力を磨く方法についても、第四話で詳しく語ろう。

まず、ここで我々が理解すべきは、我々が身につけた「**学歴的能力**」の**一つの柱である「論理的思考力」は、ＡＩには全くかなわないもの**であり、そのため、我々の仕事のうち「論理的思考力」だけで行える仕事は、その多くを、まもなく、ＡＩが行うようになっていくという現実である。

「物知り」や「博識」という褒め言葉は、死語になっていく

では、ＡＩの強みの第三は、何か。

それは、**「膨大な記憶力と検索力」**である。

もともとコンピュータは、「データベース」や「ナレッジベース」という言葉があるように、膨大なデータ（情報）やナレッジ（知識）を記憶しておき、それを瞬時に取り出すという点では、人間がかなわない圧倒的な能力を持っている。

そして、インターネット革命の結果、「ワールド・ワイド・ウェブ」と呼ばれるように、**ウェブの世界そのものが、世界中の情報や知識を記録している「巨大なアーカイブ（保管庫）」**となっており、現在の超高速の検索技術を使えば、瞬時に、世界中に存在する情報

や知識から必要なものを取り出してくることができるようになった。しかも、自動翻訳技術の発達により、**どの国のどの言語で記されている情報や知識であっても、やはり瞬時に、必要な言語に翻訳して取り出してくることができる**のである。

では、その結果、何が起こったか。

「知識」が価値を失うようになった。

こう述べると、驚く読者がいるかもしれないが、それが現実である。

例えば、著者が若い頃は、「物知り」や「博識」「博覧強記」という言葉が、褒め言葉であった。

日頃の読書や勉強で、様々な知識を記憶しておき、会議の席などで、その知識を披露すると、周りから「あの人は、物知りだ」「あの人は、博識だ」という評価を得ることができた。

しかし、いまや、誰もがスマホを持つ時代になったため、会議の席で、何かの専門知識が求められるようになると、即座に、若手社員が手元のスマホで検索をして、「ああ、それについては、ウェブでこう書かれています」などと言うようになった。

すなわち、いまでは、スマホやパソコンで、誰でも世界中の知識を瞬時に検索できるようになったため、ただ色々な専門知識を憶えているだけでは、褒められることはなくなった。その結果、**いまや、「物知り」「博識」「博覧強記」という褒め言葉は、「死語」になってしまった**のである。

また、営業の世界などでも、一昔前は、優れた先輩社員は、商品に関する様々な専門知識を記憶しており、顧客に質問されると、その記憶を探りながら、当意即妙に答えていた。しかし、タブレットなどの情報端末が普及したことによって、新人でも、顧客に対する商品知識の説明は、それなりに上手くできるようになった。

このように、**情報革命が進むことによって生まれてくる「知識社会」は、実は、「知識が重要になる社会」ではなく、「知識が価値を失う社会」に他ならない。**そのため、これからの時代は、「**専門知識を憶えている**」**ということが大きな人材価値にならない時代になっていく**。

そして、こうした大きな流れの中で、ＡＩは、さらに高度な能力を発揮するようになる。

それは、「**曖昧検索**」「**類推検索**」「**関連検索**」とでも呼ぶべき能力である。

明確なキーワードで検索を指定しなくとも、我々がＡＩと交わす対話の中の曖昧な言葉から、ＡＩは、我々が必要としている知識を類推し、関連する知識を検索してくれるようになる。

分かりやすく言えば、「勘の良い秘書」のような能力を発揮するようになる。

実際、いま、急速に普及しつつあるＡＩスピーカーなどの情報端末は、ごく近い将来、職場や家庭で、こうした「**勘の良い秘書**」**や**「**勘の良い執事**」**のような能力**を遺憾なく発揮するようになるだろう。

二〇一三年に公開されたＳＦ映画『Her 世界でひとつの彼女』では、まさに、ＡＩがそうした「有能な秘書」の役割を果たし、書簡代筆業を営む主人公に代わって代筆書簡を整理し、文集に編集し、出版社に送る姿が描かれているが、それは、決して、「SF映画」すなわち「空想科学映画」の「空想」ではない。近未来に迫っている「現実」である。

従って、これからの時代には、我々が身につけた「学歴的能力」のもう一つの柱である「知識の修得力」という能力、そして、それに基づく「専門的知識」という能力も、極めて高度なレベルでAIによって置き換わっていくことになる。

AIは、熟練プロの「勘」まで代替するようになった

さて、ここまで、AIの持つ「三つの強み」について述べてきたが、この「三つの強み」を理解しただけでも、読者は、これまで自分が身につけてきた「知的集中力」と「知的持続力」、さらには、「論理的思考力」と「知識の修得力」の大半が、AIに置き換わってしまうことを理解し、強い危機感を覚えるのではないだろうか。

しかし、実は、この話は、まだ、これから始まる物語の「序章」にすぎない。

なぜなら、このＡＩの能力は、さらに、人間が持つ極めて高度な能力をも凌駕しつつあるからである。

それが、**ＡＩの「第四の強み」**とでも呼ぶべきもの。

「分析力」と「直観力」である。

著者は、一九八七年に、米国に本拠を置く世界最大の技術系シンクタンク、「バテル記念研究所」に客員研究員として着任したが、当時は、ＡＩ技術の第二次ブームであった。そのため、著者も、ＡＩを活用した技術開発プロジェクトに参画していたが、当時のＡＩは、「推論エンジン」という技術のレベルであり、まだ、人間の能力には遥かに及ばない水準であった。「論理的思考力」についても、まだ、人間にはかなわない部分が多々あり、「直観的判断力」については、全く人間にかなわない状況であった。

しかし、それから三〇年余りの歳月を経て、急速に進歩したＡＩ技術は、いまでは、「論理的思考力」はもとより、**人間の持つ「直観的判断力」をも代替できる**ようになりつつある。

その背景には、「ディープ・ラーニング」（深層学習）と呼ばれる技術の実用化があるが、この技術と「ビッグ・データ」と呼ばれる大量のデータの処理技術を組み合わせることによって、現在のＡＩは、人間の「直観的判断力」に相当する能力をも発揮できるようになっている。

例えば、すでに、米国では、ある地域での過去の犯罪データの分析と学習によって、ＡＩが、その日のその時刻に犯罪が起きそうな場所を予測し、その予測と指示に基づき、警官がパトロールをすることによって、犯罪防止率を上げている。

また、日本でも、ある地域の過去の道路交通情報と顧客動向を分析・学習することによって、ＡＩが、その日、その時刻に、タクシーが、どの道を流すと、乗客を得る確率が高いかを運転手に指示し、やはり、成果を挙げている。

この二つの例は、過去において、永年の経験に基づいてベテランの警察官やタクシー運転手が発揮していた「勘」と呼ばれる「直観的判断力」を、ＡＩが、ビッグ・データとディープ・ラーニング技術によって発揮できるようになったことを示している。

このように、ＡＩがチェスや将棋、囲碁の世界で人間の能力を凌駕したことは、これから始まるＡＩ革命の物語の「序章」にすぎない。

永年の経験を積み重ねることによって人間が身につけてきた「直観」という能力さえも、ＡＩが代替していく時代が、これから本格的に幕を開ける。

これからは、企業における人事評価や商品開発、官庁における政策立案や予算配分なども含め、人間だけにできる高度な仕事と思われてきた様々な仕事も、ＡＩが人間に代わって行うようになっていくだろう。

そのとき、我々人間は、どのような能力を身につけ、磨いていかなければならないのか。

いま、すべての働く人々に、そのことが問われている。

「コスト競争」でも、人間はＡＩに絶対にかなわない

さて、読者は、もう十分に理解されたと思うが、もう一度、整理しておこう。

この第一話の冒頭に述べたように、知的労働の現場で我々に求められる能力は、次の「五つの能力」である。

第一「基礎的能力」（知的集中力と知的持続力）
第二「学歴的能力」（論理的思考力と知識の修得力）
第三「職業的能力」（直観的判断力と智恵の体得力）
第四「対人的能力」（コミュニケーション力とホスピタリティ力）
第五「組織的能力」（マネジメント力とリーダーシップ力）

しかし、これからの時代、この「五つの能力」のうち、「基礎的能力」と「学歴的能

力」は、AIが圧倒的な強みを持つ能力であり、この能力で行える仕事は、急速にAIが人間を代替するようになっていく。さらに、「職業的能力」の柱である「直観的判断力」でさえも、かなりの部分を、AIが人間の代わりに仕事をするようになっていく。

そして、これらの能力については、ひとたびAIとの競争になった瞬間に、人間は絶対にかなわない。無制限の集中力と持続力、超高速の論理的思考力、膨大な知識の修得力、いずれにおいても、人間はAIの能力にかなわない。

さらに、AI技術は、大量生産に伴って急速にコストダウンしていくため、**「コスト競争」の点で見ても、人間はかなわない。**

そして、それが、大規模な「AI失業」の原因になる。

なぜなら、企業は、人間を代替するAI技術が市場に出た瞬間に、「能力」の観点から見ても、「コスト」の観点から見ても、それが合理的だと判断するならば、AI導入に向かうからであり、その結果、多くの人材が仕事を失うことになる。

しかし、こうした状況においても、我々は、**勤めている企業が教育コストを負担して、**

社員を「ＡＩに代替されない高度な能力を持った人材」へと再教育してくれるだろうと期待することはできない。なぜなら、現在の資本主義の仕組みの中では、社員を解雇せず、そうした社員教育のコストを投入する良心的な企業は、残念ながら、市場において「コスト競争」で敗れ去っていくからである。

著者は、そうした資本主義の在り方には批判的な立場であり、それゆえ、『目に見えない資本主義』（東洋経済新報社）などの著書を通じて、資本主義のあるべき姿を語ってきたが、これも残念なことに、どれほど現在の資本主義を批判しても、いま、**現実に目の前にあるのは、それが合理的であるならば、社員を解雇してでもＡＩ導入に向かう「資本の論理」である。**その現実を、我々は直視すべきであろう。

ちなみに、このＡＩ革命に関する議論の中で、「ＡＩが世の中に普及すると、人間は働かなくとも良い時代が到来し、人々は、政府が支給するＢＩ（Basic Income：基本所得）によって生活していくことができる社会となる」というユートピア的議論が語られるが、**資本主義が、現在のような貧富の格差拡大と弱者切り捨てを容認するものであるかぎり、こうした「理想郷」は、決してやってこない。**

なぜなら、現在の資本主義が企業に収益の最大化を求めるかぎり、企業は、その収益の多くを税金として支払い、それをＢＩの財源とすることを容認できず、この制度の導入には強く抵抗するからである。それは、法人税を上げる政策には常に反対する企業の姿勢を見ても明らかであろう。

このように、これからの時代、残念ながら、**企業は、社員の「再教育」にコストを投入することによって、社員を「ＡＩ失業」から救ってくれることは無い。**

従って、現在の資本主義が企業に求める、こうした「資本の論理」を直視するならば、我々は、いかなる幻想も持たず、一つの覚悟を定めるべきであろう。

自分をＡＩによって代替できない「高度な能力を持つ人材」へと再教育できるのは自分自身しかない。

その覚悟を定めるべきであろう。

「サムライ業」だけでなく、企業内の「知的職種」も淘汰される

もう一度、大切なことを述べよう。

この第一話の冒頭で、東京の税理士会の危機感を例に挙げ、これから、AI革命によって「サムライ業」の仕事のかなりの部分がAIによって代替されていくという話をした。

その理由は、現在の「サムライ業」の仕事の多くが、「専門的知識」と「論理的思考」によって行われている仕事だからである。

そのため、専門的知識の活用と論理的思考の発揮において圧倒的な強みを持つAIが普及したとき、これらの職業の半分が淘汰されるとの予測は、決して大袈裟な話ではない。

東京の税理士会の危機感は、まさに、そこにある。

しかし、本書をここまで読まれた読者は、AIの普及によって淘汰されるのは、「サムライ業」だけではないことを理解されただろう。

これからＡＩ革命の嵐が到来する。

その結果、それが大企業内の職種であっても、官庁内の職種であっても、専門的知識と論理的思考だけでできる仕事であるならば、その仕事の多くは、いずれＡＩが行うようになり、その職種は淘汰されていく。

では、このＡＩ革命によっても淘汰されない「サムライ業」とは何か。企業内の「知的職種」とは何か。そして、ＡＩ革命によっても淘汰されない「高度な能力を持つ人材」とは何か。

その答えは、明確である。

先ほど述べた「五つの能力」のうち、まず、前者の「二つの能力」だけでできる仕事をしてきた職種や人材は、その多くが淘汰されていく。

第一　「基礎的能力」（知的集中力と知的持続力）

第二　「学歴的能力」（論理的思考力と知識の修得力）

逆に、後者の「三つの能力」を発揮して仕事をしてきた職種や人材は、それがＡＩに置き換え難い能力であるため、これからのＡＩ革命の時代にも、淘汰されずに生き残る。いや、生き残るだけではない。この「三つの能力」を高度に磨いていくならば、これからの時代に、ますます活躍する人材になっていくだろう。

第一「職業的能力」（直観的判断力と智恵の体得力）
第二「対人的能力」（コミュニケーション力とホスピタリティ力）
第三「組織的能力」（マネジメント力とリーダーシップ力）

では、この「三つの能力」を持った人材とは、どのような人材か。
それは、例えば、次のような人材である。

第一　永年の経験に裏づけされた高度なプロのスキルを提供できる人材
第二　顧客の心に触れる温かで細やかなサービスを提供できる人材
第三　そうした優れた人材を育てたり、マネジメントできる人材そして、こうした認識は、決して著者だけの考えではない。

このAI革命について論じている海外の専門家の多くも、同様のことを語っている。

では、世界の専門家は、AI革命の時代に、どのような職種や人材が淘汰され、どのような職種や人材が活躍すると語っているのだろうか。

専門家は「AI失業」の危機は語るが、その「対処法」を教えてくれない

実は、このテーマは、毎年、世界各国の大統領や首相を始めとする政界、財界、学界のトップリーダーが集まる「ダボス会議」で、何年にもわたって議論が行われてきたテーマでもある。

著者は、この会議を主催する「世界経済フォーラム」のGlobal Agenda Councilのメンバーを永年務めてきたことから、この議論にも、深い興味を持って関わってきた。

その議論を要約するならば、**「ＡＩが代替できない能力」**については、世界中の多くの専門家は、共通に、次の「三つの能力」を指摘している。

第一「クリエイティビティ」（創造力）

第二「ホスピタリティ」（接客力）

第三「マネジメント」（管理力）

すなわち、世界の専門家の多くは、この「三つの能力」こそが、人間だけが発揮できる能力であり、ＡＩ革命の時代にも、人間に求められる能力であると指摘しているのである。

もとより、著者は、ＡＩ革命の時代にこの「三つの能力」が重要になるとの指摘に、全く異存は無い。

なぜなら、これらの能力は、そのまま、本書で述べてきた「職業的能力」「対人的能力」「組織的能力」に含まれる能力だからである。

まず、**「クリエイティビティ」（創造力）**とは、直観的判断力に基づく知的創造力のことであり、それは、本書で言う「職業的能力」に含まれるものである。

また、**「ホスピタリティ」（接客力）**とは、その根底に、推察力や想像力に基づくコミュニケーション力があり、やはり、本書で言う「対人的能力」に含まれるものである。

そして、**「マネジメント」（管理力）**とは、人間関係力や人間力に基づいて組織やチームを運営する能力のことであり、本書で言う「組織的能力」に含まれるものである。

従って、世界の多くの専門家が指摘するこれら「三つの能力」は、いずれも、本書で述べる「職業的能力」「対人的能力」「組織的能力」に含まれるものであり、たしかに、これからのＡＩ革命の時代において、この「クリエイティビティ」「ホスピタリティ」「マネジメント」という三つの能力を持っていることは、有利な条件であろう。

しかし、未来学者や社会学者、経済学者や情報科学者などの専門家は、この「クリエイティビティ」「ホスピタリティ」「マネジメント」という三つの能力の重要性については力説するが、**「では、どのようにすれば、その能力を身につけ、磨いていくことができる**

のか」については、残念ながら教えてくれない。

それは、ある意味で、当然のことであろう。

未来学者や社会学者、経済学者や情報科学者などの専門家は、社会の様々な変化について、マクロな視点から観察し、考察し、分析し、予測することを通じて、鋭い洞察や優れた見識を示すことはできるが、多くの場合、彼ら自身が、現実の経営や労働の現場における経験が無いため、その現場で働く人間が、具体的に、どのような能力を、どのようにすれば、身につけ、磨いていくことができるかを語ることはできないからである。

どのようにして、自分で「三つの能力」を磨いていくか

では、どのようにして、この「職業的能力」「対人的能力」「組織的能力」という「三つの能力」を磨いていくか。

まず第一の「クリエイティビティ」という能力を、どう身につけるか。

たしかに、専門家から「AI時代には、AIに代替されない『創造性』を身につけなければならない」と言われれば、その通りなのだが、現実の社会で働く人間にとっては、「実際の知的労働の現場で求められる『創造性』とは、どのようなものか」、そして、「それを身につけるには、どうすれば良いか」こそが死活の問題なのである。

従って、この死活の問題に答えを得るためには、次の三つのことを考えなければならない。

第一　そもそも、実社会で働く人間にとっての「創造性」とは何か。

第二　その「創造性」を発揮するには、どのような能力が求められるのか。

第三　その能力は、どのようにすれば、日々の仕事の中で身につけられるのか。

そこで、本書の第三話においては、この三つのことを考えながら、具体的に、知的労働の現場で求められる「創造性」を、どのようにして身につけ、磨いていくかについて述べていこう。

そして、「創造性」だけにとどまらず、さらに広く、様々な「職業的能力」を、どのようにして磨いていけば良いかについても述べていこう。

次に、第二の「ホスピタリティ」という能力を、どう身につけるか。

この言葉は、職種としての接客業やサービス業を想定して使われている言葉であるが、そもそも、この能力の基本は、顧客の気持ちを細やかに感じ取り、顧客に温かな気持ちを伝えることのできる「コミュニケーション力」に他ならない。そして、これからのAI時**代には、接客業やサービス業だけでなく、すべての職種において高度な「コミュニケーション力」が求められるようになる。**

従って、この「ホスピタリティ」という能力を身につけるためには、次の三つのことを考えなければならない。

第一　そもそも、実社会で働く人間に求められる「コミュニケーション力」とは何か。
第二　「コミュニケーション力」の中でも、最も高度なコミュニケーション力とは何か。
第三　その高度な「コミュニケーション力」は、どのようにすれば身につくのか。

そこで、本書の第四話においては、この三つのことを考えながら、具体的に、どのようにして「コミュニケーション力」を身につけ、磨いていくか、そのことを通じて、どのようにして「ホスピタリティ力」や「対人的能力」を磨いていくかについて述べていこう。

そして、第三の「マネジメント」という能力を、どう身につけるか。

この言葉は、職種としての管理職を想定して使われている言葉であるが、実は、これからのAI時代には、「マネジメント」という概念や、その根底にあるべき「リーダーシップ」という概念が、より成熟したものになっていく。

従って、我々が「マネジメント」という能力を身につけるためには、次の三つのことを考えなければならない。

第一　「マネジメント」という概念は、どのような概念へと成熟していくのか。

第二　「リーダーシップ」という概念は、どのような概念へと成熟していくのか。

第三　その成熟したマネジメント力とリーダーシップ力は、どうすれば身につくのか。

そこで、本書の第五話においては、この三つのことを考えながら、具体的に、どのようにして高度知識社会における「マネジメント力」と「リーダーシップ力」を身につけ、磨いていくか、そのことを通じて、どのようにして「組織的能力」を磨いていくかについて述べていこう。

勤め先の企業は、我々の能力開発を助けてくれない

しかし、ここで、企業に勤める読者の中から、もう一度、疑問の声が挙がるかもしれない。

「そもそも、そうした能力開発は、勤め先の企業が支援してくれるべきではないか」

たしかに、著者が実社会に出た四一年前は、就職した後、勤め先の企業が社員に対して、時代に合わせた能力開発の機会を与え、それを磨くことを支援してくれた。

実際、著者自身は、入社後、営業の職種に配属になり、そこで、何年かかけて、営業プロフェッショナルとしての「職業的能力」を身につけ、磨くことができた。同時に、顧客への対応を通じて「対人的能力」を磨くこともでき、さらには、職場のリーダーとしての「組織的能力」の基本も身につけることができた。

そのお陰で、その企業からシンクタンクに転職したときも、この「三つの能力」を生かして、キャリアを拓くことができた。

しかし、先ほども述べたように、残念ながら、**現在の企業は、たとえ大企業といえども、激化する市場競争の中で、そうした社員教育をする余裕を失ってしまっている。短期的収益を求められる金融資本主義の圧力の中で、手間と時間をかけ、愛情と熱意を持って社員を育てるという余裕が無くなってしまっている。**

従って、これからの時代、我々は、所属する企業に頼ることも、期待することもできず、自力で、この「三つの能力」を身につけ、磨き、ＡＩ革命の嵐を乗り越えていかなければならない。

だが、よく言われるように、「ピンチ」は「チャンス」であり、「危機」(crisis)という言葉には、「危険」(risk)という言葉と「機会」(opportunity)という対極の言葉が含まれている。

それゆえ、もし、読者が、これからやってくるAI革命の嵐の厳しさを直視し、それを乗り越えていく決意を固め、自分自身を成長させていこうとの覚悟を定めるならば、その読者は、必ず、この嵐を超え、これからの時代に活躍する人材になっていけるだろう。

AI革命で淘汰されるのは「意外な人材」

しかし、ここで、敢えてもう一つ、厳しい予測を述べておこう。

実は、これからの**ＡＩ革命の嵐の中で、淘汰されてしまう可能性の高い人材は**、意外な人材である。

それは、いかなる人材か。

「高学歴の人材」である。

こう述べると、驚かれる読者もいるだろうが、これからＡＩ革命の嵐が到来するとき、その嵐を楽観し、必要な能力開発を怠り、結果として淘汰されてしまう可能性が高い人材は、実は、偏差値の高い有名大学を卒業した「高学歴」の優秀な人材である。

それは、なぜか。

現在の我が国の教育制度の下で生まれてくる**「高学歴」の人材の「優秀さ」とは、実は、これから急速に発達するＡＩによって置き換わってしまう「優秀さ」**だからである。

そして、「高学歴」の人材は、これからのＡＩ革命の嵐の中で、ＡＩに淘汰されることのない「優秀さ」を身につけることが、得意ではないからである。

従って、次の第二話では、「『高学歴』の優秀な人材ほど、ＡＩに敗れ去る」と題して、そのことを語ろう。

もし、このテーマに興味の無い読者は、第二話を飛ばし、第三話から読み始めて欲しい。

第三話から第五話においては、どうすれば、我々が「職業的能力」「対人的能力」「組織的能力」の三つの能力を身につけ、さらに高度な能力へと磨いていくことができるのかを語っている。

先を急ぐ読者は、第二話を飛ばし、第三話を読んで頂きたい。

第二話

「学歴社会」は、すでに崩壊している

「高学歴」の優秀な人材ほど
AIに敗れ去る

なぜ、高学歴者に「活躍する人材」が少なくなったのか

これからの時代には、「高学歴」の優秀な人材ほど、ＡＩに敗れ去る。

そう述べると、多くの読者は驚かれるかもしれない。そして、疑問を抱かれるかもしれない。しかし、残念ながら、それは事実である。

その理由を端的に述べるならば、次の三つである。

第一　我が国において「高学歴」の人材の優秀さとは、基本的に「基礎的能力」と「学歴的能力」における優秀さである。そして、この二つの能力は、ＡＩが最も強みを発揮する能力であり、これらの能力だけで仕事をしている人材は、どれほど学歴的に優秀であろうとも、いずれ、ＡＩに代替されてしまう。

第二　従って、いかに「高学歴」の人材であろうとも、「基礎的能力」と「学歴的能力」の優秀さに安住することなく、「職業的能力」「対人的能力」「組織的能力」のいずれかを、高度なレベルで身につけなければ、その人材は、早晩、ＡＩに淘汰されてしまう。

第三　しかし、現在の我が国の教育制度の下で生まれてくる「高学歴」の人材は、多くの場合、受験勉強に時間を取られ、初等・中等教育の時代に、これら「三つの能力」の基礎を身につける機会が少なく、そのため、新たにこれら「三つの能力」を身につけることも得意ではないという傾向がある。さらに、「高学歴」の人材は、自分が、これら「三つの能力」を身につけることが不得意であると感じたとき、無意識に、自身の強みである「基礎的能力」と「学歴的能力」に逃げ込んでしまい、苦労して「三つの能力」を磨くことを怠ってしまう傾向がある。

従って、**これからのＡＩ革命の進展に伴い、現在の我が国の教育制度を土台とした「学**

歴社会」は、ＡＩに淘汰されない人材、すなわち、ＡＩに代替されない「三つの能力」を持った人材を提供できないがために、早晩、崩壊していく。

いや、実は、我が国の「学歴社会」は、すでに崩壊を始めている。

「求められる人材」と「活躍する人材」は全く違った人材

こう述べると、さらに驚かれる読者がいるだろうが、学者の世界や官僚の世界などの一部の例外を除いて、**民間企業を中心とする実社会においては、我が国の「学歴社会」は、すでに崩壊を始めている。**

しかし、この著者の意見に対して、すぐに読者から、正反対の二つの反応があるだろう。

一つは、「そんなことはない。そうは言っても、偏差値の高い有名大学を出ている高学歴の人間は、やはり就職や転職で有利だ」という声である。

もう一つは、「たしかに、その通り。職場を見渡すと、高学歴だからといって、仕事ができるとは限らない」という声である。

では、この二つの声の、いずれが正しいのか。

実は、この二つとも正しい。

では、なぜ、こうした、一見、矛盾したような議論が生まれるのか。

その理由は、世の中で語られる**次の「二つの言葉」が、混同して使われる**からである。

一つは、「求められる人材」という言葉。

一つは、「活躍する人材」という言葉。

この二つの言葉は、人材論を語る書籍や雑誌などで、しばしば同じ意味のように混同して使われるが、実は、全く違った意味の言葉である。

まず、**「求められる人材」とは、文字通り、人材市場において、ニーズがあり、職に就ける人材のことである。**

これに対して、**「活躍する人材」とは、自分が働く企業や組織、職場や仕事において、リーダーシップが発揮できる人材のことである。**

そして、実社会における現実を述べるならば、高学歴の人材は、「求められる人材」になることはできるが、「活躍する人材」になることは、全く保証されていない。

言葉を換えれば、**高学歴の人材は、どこかの企業や組織に就職や転職するに際しては有利だが、就職や転職した後、その企業や組織、職場や仕事でリーダーシップを発揮できるとはかぎらない。**

それが、冷厳な現実である。

実際、高学歴者ということで「きっと優秀な人材に違いない」と期待され、就職や転職に成功しても、いざ、その職場で働き始めると、周囲の期待ほどには活躍できない人材は、決して少なくない。

そのため、職場において、高学歴でありながら活躍できない人材を間近に見ている読者は、「職場を見渡すと、高学歴だからといって、仕事ができるとは限らない」という意見を述べたくなるのであろう。

たしかに、これまでも、そして、いまも、多くの職場の片隅で囁かれる言葉がある。

「彼は、あれで、○○大卒なんだが……」

「彼女は、あれでも、□□大卒なんだけど……」

そうした、高学歴者に対する嘆きとも批判ともつかない言葉である。

高学歴の人材が、しばしば陥る「三つの状況」

おそらく、読者の多くも、職場の周りで、高学歴者でありながら、次の「三つの状況」

に陥っている人材を見ることがあるだろう。

第一は、周りから「創造的な発想」が期待されているにもかかわらず、その期待に応えられない高学歴者である。

第二は、頭の回転が速く、知識も豊富で、弁も立つのだが、なぜか、人が遠ざかってしまう高学歴者である。

そして、第三は、マネジャーや管理職など、部下を預かる役職に就いても、リーダーシップを発揮できない高学歴者である。

実際、著者も、永年、マネジャーやリーダーとして、また、経営者として、様々な人材を見てきたが、この「三つの状況」に陥っていた高学歴の人材を、何人も思い浮かべることができる。

例えば、社内の企画会議において、様々な専門知識は披露できるし、論理的に話をすることもできるのだが、肝心の企画会議の目的である新商品についての斬新なアイデアが出ない高学歴人材は、決して少なくなかった。

また、日頃の「上から目線」の発言で女性スタッフの気持ちを遠ざけていたため、翌日の重要な会議の準備という肝心のときに、彼女たちの協力が得られず、深夜まで、一人で大量のコピーを取らざるを得ない状況に陥っていた高学歴人材もいた。

さらに、マネジャーやリーダーという立場上、会議を主宰することになるのだが、会議で意見が紛糾すると、それらの意見を上手く調停し、まとめられないという状況に陥る高学歴人材や、意思決定が難しい重要な問題に直面したとき、自身の責任で決断し、会議の参加者を納得させることのできない高学歴人材も、しばしば目にした。

もとより、こうした状況は、高学歴の人材でなくとも陥ることは多々あるが、高学歴の人材は、周囲の期待が大きいだけに、落胆や批判も大きくなってしまう。

では、こうした高学歴人材は、いかなる能力が足りないのか。

すでに多くの読者は気がつかれていると思うが、これらの高学歴人材に足りないのは、第一話で述べた「知的労働の現場で求められる五つの能力」、

第一「基礎的能力」（知的集中力と知的持続力）
第二「学歴的能力」（論理的思考力と知識の修得力）
第三「職業的能力」（直観的判断力と智恵の体得力）
第四「対人的能力」（コミュニケーション力とホスピタリティ力）
第五「組織的能力」（マネジメント力とリーダーシップ力）

のうち、後者の「職業的能力」「対人的能力」「組織的能力」の三つである。

もとより、高学歴の人材は、第一の「基礎的能力」と第二の「学歴的能力」において、高い水準の優れた力を持っていることは保証されている。

偏差値の高い有名大学に合格したということは、毎日、厳しい受験勉強を続けられるほど、知的作業における集中力と持続力が優れていることを意味している。

そして、難しい入学試験に合格できたということは、「論理的思考力」と「知識の修得力」が優れていることを意味している。

すなわち、「論理的思考力」に優れていれば、入試において物理や数学は高い点が取れる。また、「知識の修得力」に優れていれば、日本史や世界史、生物や化学、英語で高い点が取れる。そのため、この二つの能力が優れていれば、偏差値が高くなり、有名大学に入れるというのが、現在の入試の仕組みである。

たしかに、全国の大学入試改革において、ＡＯ入試や推薦入試を始め、「論理的思考力」と「知識の修得力」以外の能力も評価するための努力はなされているが、残念ながら、大学入試の基本的な仕組みは、大きく変わってはいない。

活躍する高学歴者は、「高学歴」だから活躍しているのではない

このことを理解するならば、先ほど例に挙げた高学歴人材が「活躍する人材」になれない理由は明らかであろう。

彼らは、「基礎的能力」や「学歴的能力」においては、極めて「優秀」なのであるが、残念ながら、次の「三つの能力」においては、「優秀」とは言えないからである。

第一　発想力や企画力という「職業的能力」

第二　人間関係を円滑にする「対人的能力」

第三　人間集団を纏め上げる「組織的能力」

しかし、それは、ある意味で当然のことであろう。

なぜなら、この「三つの能力」は、受験教育や大学教育では、決して教えてくれない能力だからである。それは、書籍やウェブを読むことや、授業や講義を聴くことでは決して身につけることのできない能力であり、**実際の仕事の経験や対人的経験、組織的経験からしか掴めない能力**だからである。

しかし、こう述べると、読者から、疑問の声が挙がるかもしれない。

「いや、高学歴者でも、職場で活躍している人材は、いるではないか……」

その通り。東京大学、京都大学を始めとする有名大学を出た高学歴者の中にも、堂々と、職場で活躍している人材は、いる。その数は、いまでも、決して少なくない。

しかし、それは、これらの人材が「高学歴者」だからではない。勉強ができて、偏差値が高いからではない。それは、これらの人材が、それまでの高校生活や大学生活において、実社会で求められる「職業的能力」「対人的能力」「組織的能力」を身につけてきたからである。

それは、例えば、高校時代や大学時代に、サークル活動で企画を練る経験を積んだり、店舗でのアルバイトで接客の経験を積んだり、スポーツ部で、キャプテンを務めたりして身につけたものであろう。

また、高校時代や大学時代にそうした経験を積む機会が無くとも、実社会に出た後、現場での経験や日々の仕事を通じて、こうした能力を努力して身につけてきたからであろう。

いずれにしても、これらの能力は、高校や大学で、多くの本を読み、授業や講義に真面目に出席しただけでは、決して身につかないものである。

「優秀さ」の切り替えができない高学歴者が淘汰される

では、近年、なぜ、高学歴者に「活躍する人材」が少なくなったのか。

その一つの理由は、近年、偏差値の高い有名大学に行くような人材の多くが、激化する受験競争のため、中学時代や高校時代に自宅や塾での勉強に時間を取られ、こうしたサークル活動やクラブ活動、アルバイトや地域活動など、勉強以外の多様な経験を積む機会が少なくなっているからである。そのため、**実社会で求められる「職業的能力」「対人的能力」「組織的能力」の基礎を身につけることができなくなっている**からである。

実際、著者自身のささやかな人生の歩みを振り返っても、実社会に出て本当に役に立ったのは、大学時代に講義や本を通じて学んだ知識ではなく、高校時代や大学時代のスポーツ部における、チームの中でのコミュニケーションの経験であり、高校のクラス活動や大学の自治会活動における、リーダーとしての経験であった。

　こうした現実を理解するならば、我々は、我が国の「学歴社会」が、いま、どのような人材を生み出しているかを、知っておく必要がある。

　端的に言えば、現在の我が国の「学歴社会」が生み出しているのは、「勉強ができる人材」であり、「学歴的に優秀な人材」である。

　しかし、かつての工業社会とは異なり、現在の高度知識社会においては、「**勉強ができる」ということと「仕事ができる」ということは全く違う能力**になっており、「**学歴的な優秀さ」と「職業的な優秀さ」は、全く違う優秀さ**になっている。

　従って、高学歴でありながら実社会で活躍できない人材は、この「**優秀さ」の切り替えができない人材、**すなわち、「学歴的優秀さ」から「職業的優秀さ」への切り替えができない人材であるとも言える。

　繰り返しになるが、どれほど高学歴の人材であろうとも、これら「職業的能力」「対人的能力」「組織的能力」という三つの能力を身につけ、磨いていかないかぎり、実社会で活躍することはできない。

しかし、それにもかかわらず、世の中には、いまだに「学歴幻想」と呼ぶべきものが根強く存在している。

「高学歴を身につければ、世の中で活躍できる」

その幻想である。

そして、この幻想を象徴するのが、「東大神話」と呼ばれるものであろう。

いまだに世に溢れる「学歴幻想」と「東大神話」

最近のテレビを観ていると、この「東大神話」を背景とした番組が目につく。

例えば、クイズ番組で、現役の東大生が出演し、著名な有識者やタレントと、クイズの正答を競い合うものがある。

こうした番組では、出演する現役東大生は、様々な分野にわたって実に該博な知識を持っており、地理や歴史のトリビア的な知識も、瞬時に記憶をたどり、回答する。また、難しい論理的思考が求められる問題が出されても、一瞬にして判断し、答える。

そのため、こうした現役東大生を見て、共に出演している有識者やタレントも、テレビの視聴者も、「さすが東大生だ！　頭が良い！」と感心することがしばしばである。

もとより、番組そのものも、そうした視聴者の反応を期待して制作されているわけであり、著者も、一人の視聴者として、たしかに、この現役東大生の「該博な知識の修得力」と「瞬間的な論理的思考力」には感心する。

しかし、同時に、永年、実社会を歩んできた人間として、こうした形で「東大神話」が助長されることには、いささかの抵抗がある。

なぜなら、これほど「頭が良い！」「優秀だ！」ともてはやされる東大生であっても、彼らが大学を卒業し、実社会に出て、活躍する人材になれるかどうかは、全く分からないからである。

そう思う理由は、著者の体験にある。

実は、著者は、こうした「頭の良い東大生」や「優秀な高学歴者」を、その高校時代から実社会に出て定年を迎えるまで、数多く見てきた。

著者自身は、それほど優秀な高校生でもなく、大学生でもなかったが、たまたま、いわゆる進学コースを歩むという経歴を持っている。

著者は、一九七〇年に、東京教育大学附属高校（現在の筑波大学附属高校）を卒業し、同年、東京大学理科I類に入学し、その後、工学部を卒業、さらに大学院で博士号を取得するという道を歩んだ。

この高校は、当時、クラスの三人に一人が東京大学に合格するという進学校であったが、まず驚いたのは、入学直後の高校一年のときであった。

休み時間に、ふと教室の片隅を見ると、クラスメートが二人で黒板の前で議論をしていた。黒板を覗き込んだら、彼らは、数学の問題についての議論をしていたのであるが、何を驚いたかと言えば、それは、高校の数学の問題ではなく、大学の数学の問題だったからである。

彼らは、高校一年のときに、すでに、高校の数学（当時は、数I、数II、数III）は学び終えており、大学の高等数学（具体的には、ガロアの群論）について議論をしていたのである。その彼らの姿を見たとき、何か、自分の数学の勉強について絶望感のようなものを抱いた記憶がある。

また、あるクラスメートは、ある日の休み時間、分厚い世界史の参考書（薄い教科書ではない）を私に手渡し、「どのページのどの項目でも良いから、質問してくれ」と言った。そこで、さすがにここまでは憶えていないだろうと思い、あるページの片隅にある、ヨーロッパの王朝の複雑な家系図の中の最も目立たない人物の名前を聞くと、一瞬にして答えた。それは、他のページのどのような些末な情報についても、同じであった。彼は、自分の記憶力に抜群の自信を持っており、私も、その能力には完全に脱帽したが、このクラスメートは、その後、東京大学文科I類に、あっさりと現役合格し、法学部に進学した。

しかし、これほどの優秀さ、羨ましいほどの能力（数学に象徴される「論理的思考力」や世界史に象徴される「知識の修得力」）を持っていた友人たちであるが、残念ながら、彼らもまた、大学を卒業し、実社会に出て、一つの厳しい現実を痛感することになる。

それは、学生時代、どれほど勉強ができて、「頭が良い!」「優秀だ!」と言われ、「論理的思考力」と「知識の修得力」に卓越していても、それだけでは、実社会では活躍できないという厳しい現実である。

それでも、我々の世代は、「論理的思考力」と「知識の修得力」が優れていれば、「求められる人材」になることはできた。それなりの企業や組織に、就職はできた。

しかし、第一話で述べたように、これから実社会に出ていく世代は、どれほど「論理的思考力」と「知識の修得力」に優れていても、その能力の多くがＡＩに置き換わっていくため、「活躍する人材」になることはもとより、「求められる人材」になることも、難しくなっていく。

では、実社会で「活躍する人材」になるためには、いかなる能力が求められるのか。

高学歴者の多くが壁に突き当たる「人間関係力」

それが、繰り返し述べている「職業的能力」「対人的能力」「組織的能力」という三つの能力であるが、実は、**この三つの能力のいずれにおいても「核」となる能力**がある。

それは、何か。

「人間関係力」である。

「人間関係力」とは、企業や組織における上司や部下、同僚、さらには、企業や組織の外の顧客や業者、有識者やメディアなど、**仕事において関わりを持つすべての人々と、良好な関係を築く能力**のことであるが、この能力を身につけないかぎり、どれほど学生時代に勉強ができても、どれほど高学歴の人材であっても、実社会で活躍することはできない。

先ほど述べたように、著者は、それほど勉強のできる学生ではなかったが、著者もまた、永年、実社会を歩みながら、この「三つの能力」の大切さと、特に「人間関係力」の大切さを痛感してきた。**実社会では、この「人間関係力」を抜きにしては一歩も前に進めない**こと、それが冷厳な事実であることを、骨身に染みて感じてきた。

しかし、その著者も、正直に言えば、学生時代、この「人間関係力」の大切さを全く分かっていなかった。

そのことを象徴するエピソードがある。

著者は、大学卒業後、二年間、研究生として医学部の研究室で学んだが、そのときに師事したのは、Y教授であった。

このY教授は、難しい専門のテーマを、分かりやすく、そして面白く学生に話す名講義で有名であったが、その講義の途中、専門の話を中断して、ときおり、にこやかに笑いながら、学生たちにこう語った。

「君たち、こんな専門知識をいくら詰め込んでも、実社会では役に立たないぞ。

実社会に出たら、人間関係がすべてだぞ。

そのことを忘れないように」

その話を聞きながら、まだ実社会の経験が無かった私は、正直なところ、心の中で、こう思っていた。

「先生、そうは言っても、やはり、専門的な知識をしっかり身につけないと、実社会で役に立たないのではないですか。人間関係など、社会に出れば、何とでもなると思います。だから、早く本題に戻って、講義の続きをお願いします」

しかし、それから何年か後に、大学院を終えて実社会に出たとき、このY教授が語った言葉の重さを痛感した。

いま振り返れば、学生時代の著者の未熟な姿だが、しかし、このY教授の言葉が、実社会に出て人間関係に処する智恵を身につけていくとき、心の深くで、大きな支えになったことも事実である。

実際、実社会に出て痛感したことは、会議で、どれほど立派な専門知識を語っても、どれほど論理的に語っても、それだけでは、仕事は上手く進まないということである。

仕事を進めるためには、何よりも、会議の参加者に賛同してもらうこと、一緒にやろうと思ってもらえることが不可欠であり、そのことを痛感する日々であった。

このように、高学歴であるか否かにかかわらず、我々が実社会で活躍するためには、**何よりも、難しい人間関係に処する「対人的能力」を身につけていかなければならない。**そして、さらにそれを超え、**一つの組織やチームの中で仲間が共に歩もうと思ってくれる「組織的能力」を身につけていかなければならない。**その能力に支えられたマネジメントやリーダーシップの力を身につけていかなければならない。

人事部が高学歴者を採用する「本当の理由」

しかし、こう述べても、まだ、読者の中から声が挙がるだろう。

「しかし、そうは言っても、やはり高学歴者は、就職や転職では有利ではないか……」

たしかに、その通り。

現在の人材市場では、高学歴の人材は、やはり、有名な大企業に就職したり、転職するとき、有利である。それは事実である。

しかし、読者は、新卒採用や中途採用のとき、企業が高学歴者を採用する「本当の理由」を知っているだろうか。

著者は、ある銀行系シンクタンクに在籍していたとき、部長として、人材採用の仕事に携わり、数百名の人材の審査・面接を行い、人事部長と共に採用の可否を決めてきた。

そのとき、この人事部長が語った言葉を、印象深く覚えている。

それは、ある東大卒の人材を採用するかどうかの判断に迷ったときのことである。

最後に、その人事部長が、こう言った。

「いいじゃないか……。まあ、地頭は良いんだから、とりあえず採用しておけば……」

これは、何を言っているのか。

東大卒だからといって、「職業的能力」「対人的能力」「組織的能力」が高いということは何も保証していない。従って、当社で活躍する人材になるかどうかは、現場で使ってみなければ分からない。

しかし、「学歴的能力」はある（地頭は良い）のだから、言われた仕事はしっかりやるだろう。知的創造力やリーダーシップなど、期待した能力が無ければ、そうした能力を持つ人材の下で、部下として働かせればいいだろう。

会社で「経営幹部」になっていく人材ではないとしても、「優秀な兵隊」として使えばいいだろう。

分かりやすく翻訳すれば、この人事部長は、そう言っているのである。

そして、こうした考え方をするのは、この部長だけではない。

いま、世の中の大企業の多くの人事部長が、同様の考え方をしている。

すなわち、人材採用において、採用したすべての人材が、将来、幹部や中核リーダーになっていくことを期待しているわけではない。その必要はない。しかし、その幹部や中核リーダーの下でしっかりと働く「兵隊」は必要だ。優れた知的創造力やリーダーシップを発揮する人材ではなくとも、言われたことを正確・迅速に実行できる、「地頭」の良い兵隊は必要だ。その点、高学歴の人材は、期待はずれでも、「地頭の良い兵隊」としては使えるのだから、とりあえず、採用しておこう。

実は、大企業の人事部が、高学歴の人材を採用する本当の理由は、こうした考え方からである。

会社を軍隊に喩えることは、好きな比喩ではないが、高学歴の人材は、この「地頭」という言葉と「兵隊」という言葉の怖さを知っておくべきであろう。

いまや、「高学歴だから知的創造力があるだろう」「高学歴だからリーダーシップがあるだろう」などと期待している人事部は存在しない。そして、高学歴だから出世が約束されている会社など存在しない。

しかし、それでも、先ほど紹介した人事部長の言葉、「いいじゃないか……。まあ、地頭は良いんだから、とりあえず採用しておけば……」という言葉は、高学歴の人材にとっては、救いの言葉であった。

なぜなら、その企業で出世はできないとしても、高学歴という「地頭の良さ」（学歴的能力）の証明書さえ手にしていれば、とりあえず、企業は採用してくれるし、社会で食いはぐれることはなかったからだ。

しかし、これからの時代は、残念ながら、その救いも無い。

ここまで、第一話と第二話を読んでこられた読者は、その意味を理解されただろう。

ＡＩ革命の嵐は、高学歴であるか否かを問わず、「職業的能力」「対人的能力」「組織的能力」のいずれかの能力を高度に身につけた人材でないかぎり、その仕事をＡＩに置き換えていくからだ。

従って、これからの時代、「論理的思考力」や「知識の修得力」といった「学歴的能力」だけで仕事をしている人材は、たとえ東大卒であろうとも不要になっていく。ＡＩに置き換えられていく。

「高学歴」というブランドに安住し、これからの社会が求める「職業的能力」「対人的能力」「組織的能力」を身につけ、磨いていかない人材は、どれほど高学歴の人材であろうとも、確実に淘汰されていく。

そして、それは、高学歴であるか否かに関係なく、ＡＩ時代に知的労働に携わるすべての人間に問われることでもある。

そのことを理解するならば、我々は、このＡＩ革命の嵐が到来する前に、これら「三つの能力」を身につけ、磨いていかなければならない。

では、どのようにすれば、これら「職業的能力」「対人的能力」「組織的能力」を磨いていけるのか。

次の第三話から第五話にかけて、そのことを語っていこう。

第三話　ＡＩ時代に求められる「職業的能力」とは何か

「知識の修得力」よりも「智恵の体得力と伝承力」を身につける

「職業的能力」とは、単なるスキルやテクニックではない

さて、第一話では、高度知識社会においては、知的労働に求められる能力として、次の「五つの能力」があることを述べた。

第一「基礎的能力」（知的集中力と知的持続力）
第二「学歴的能力」（論理的思考力と知識の修得力）
第三「職業的能力」（直観的判断力と智恵の体得力）
第四「対人的能力」（コミュニケーション力とホスピタリティ力）
第五「組織的能力」（マネジメント力とリーダーシップ力）

そして、これからのＡＩ時代には、このうち、「基礎的能力」と「学歴的能力」の多くは、ＡＩによって代替されていくため、これからの社会で活躍する人材となるためには、

「職業的能力」「対人的能力」「組織的能力」という三つの能力を身につけ、磨いていかなければならないことを述べた。

そこで、これからの三話では、「職業的能力」「対人的能力」「組織的能力」、それぞれの能力を、どう身につけていくか、どう磨いていくか、その方法を語ろう。

まず最初は、**「職業的能力」**。

この能力の本質は、経験や体験を通じてしか摑めない「体験的智恵」であり、この能力は「文献的知識」とは異なり、ＡＩによって容易に置き換えられない能力である。

そして、この「職業的能力」は、実社会で仕事を進めていくために不可欠な能力であり、例えば、発想力や企画力、会議力やプレゼンテーション力、営業力や交渉力など、通常「○○力」と呼ばれる能力のことである。これらは、総じて「仕事力」と呼ばれることもある。

すなわち、これらの能力は、実社会において「仕事のできる人材」になるためには、必ず求められる能力であるが、この能力を身につける修業は、通常、まず、**スキルやセンス、テクニックやノウハウ**と呼ばれるものを身につけることから始まる。

例えば、「発想のセンス」「企画のノウハウ」「会議のスキル」「営業のテクニック」などである。

しかし、我々が、この能力を磨き、高度なレベルで身につけたいと思うならば、最初に理解しておかなければならないことがある。

それは、**「職業的能力」とは、単なるスキルやテクニックではない**ということである。

実は、この**「職業的能力」とは、「技術」と「心得」という二つの能力が組み合わされたもの**である。

このうち「技術」とは、いわゆる、スキルやセンス、テクニックやノウハウと呼ばれるものである。一方、「心得」とは、**マインドやハート、スピリットやパーソナリティ**と呼ばれるものであり、ときに、**「心構え」「心の姿勢」「心の置き所」**などと呼ばれるものでもある。

従って、我々が「職業的能力」を身につけたいと思うならば、まず、スキルやテクニックといった「技術」を学ぶことから始まるが、それを高度なレベルに磨いていくためには、マインドやハートといった「心得」を併せて身につけていかなければならない。

腕を磨くときの最初の落し穴は「スキル倒れ」

では、なぜ、「技術」だけでなく、「心得」が必要なのか。

例えば、我々が「プレゼンテーション力」を身につけようとしたとする。

そのとき、我々は、まず、聴衆に渡す配布資料の作り方、スライドの作り方、プロジェクターの操作、発表用の手元資料の使い方、発声の方法、質疑の受け方、全体の進行といった「技術」を学ぶことになる。プレゼンのスキルやテクニックである。

しかし、こうしたスキルやテクニックを身につけていくと、必ずと言って良いほど陥る落し穴がある。

それは、**「スキル倒れ」という落し穴**である。

例えば、顧客の前で、流暢な話術でプレゼンをする。スライドも良くできている。説明も悪くない。

しかし、なぜか、会場を見渡すと、顧客は少し白けた雰囲気で聞いており、プレゼンしている商品説明に乗ってこない。

そうした失敗が続くと、上司や先輩が教えてくれる。

「君は、プレゼンのスキルは見事なのだけれど、どこかお客様に対して『上から目線』なんだな……。だから、お客様の気持ちが引いてしまうのだな……」

「君のプレゼンは熱もこもっていて良いのだけど、お客様に『売りつけよう』『買わせよう』という意識が強すぎるんだね……。それで、お客様は、逆に気持ちが冷めてしまうのだね……」

このように、スキルは悪くないのに、心の状態が「密やかな傲慢さ」や「無意識の操作主義」に流されてしまうため、仕事そのものが上手くいかない結果になる。

こうした状態は、昔から「スキル倒れ」と呼ばれている。「**スキルは身につけているが、スキルだけに頼り、大切なことを身につけていないため、失敗する**」という意味の言葉である。

そして、その「大切なこと」が、「心得」や「心構え」「心の姿勢」「心の置き所」と呼ばれるものであり、このプレゼンの例で言えば、聴衆に対して「貴重な時間を使って聴いて頂いて有り難い」といった感謝の気持ちを持つことや、「自分の話はまだまだ未熟だ」という謙虚な気持ちを持つことである。

このように、我々が「**職業的能力**」を高度なレベル**で身につけたいと思うならば、「技術」だけでなく「心得」を同時に身につける必要がある。**それは、ここで挙げたプレゼンテーション力だけでなく、発想力や企画力、会議力や営業力、交渉力やプロジェクトマネジメント力など、いずれの能力も同じである。

本を読めばスキルやテクニックが身につくという幻想を捨てる

そして、「職業的能力」を身につけていくために、我々が理解しておかなければならないことが、もう一つある。これは、すでに述べたことであるが、大切なことなので、もう一度、述べておこう。

それは、**本を読んだだけで「職業的能力」は身につかない**ということである。

すなわち、このスキルやマインドといった「職業的能力」の本質は「体験的智恵」であるため、それは、仕事の現場での経験や体験を通じてのみ摑めるものであり、書物やウェブを通じて身につけることはできない能力である。

しかし、一方、この「職業的能力」を身につけることは、「仕事のできる人間」になるために不可欠のことであるため、誰もが、その能力を手っ取り早く身につけたいと考える傾向がある。

そのため、書店に行けば、「プロの技術」に関する本や、発想力や企画力、会議力やプレゼン力、営業力や交渉力などを身につける方法を語る「○○力」と題した本が数多く並んでいる。

もとより、こうした本の多くは、それぞれの分野で実績も実力もあるプロフェッショナルが書いたものであり、それを読み、そこに書かれているスキルやテクニックを仕事の現場で繰り返し実践するならば、それなりに摑めるものはあるのだが、一方、これらの本には大きな落し穴がある。

それは、こうした本を読むだけで「○○力」を身につけることができると思い込むという落し穴であり、本を読んだだけで「○○力」を身につけたと思い込んでしまうという落し穴である。

実は、この落し穴には、著者自身、ときおり陥ることがある。

例えば、以前、テレビを観ていたら、プロ野球中継が放送されていた。

そのときの解説者は、パ・リーグで三度の三冠王を獲得したプロ野球の大打者、落合博満氏であったが、その試合のピッチャーは、その日、切れ味の良いフォークボールが決まり、三振の山を築いていた。

それを見たアナウンサーが、落合氏に訊いた。

「落合さんなら、あの鋭いフォーク、どう打ちますか？」

この質問に対して、落合氏は、飄々と答えた。

「ああ、あのフォークを打つことは、できますよ。

あの球は、鋭く落ちるから、落ちてから打ったのでは、打てない。

だから、落ちる前に打てば良いんですよ」

この話を聞いた瞬間、私は、思わず、「なるほど」と納得した。

しかし、すぐに、この話の怖さに、気がついた。

なぜなら、往年の大打者が打撃の奥義を語ったその見事な解説に、思わず、自分でも、そのフォークボールが打てるように感じてしまったからである。

実際、自分が打席に立っても、素人の打撃の技量では、全力でバットを振っても、その球には、かすりもしないだろう。

しかし、一瞬、「落ちる前に打てば良い」という言葉を聞いて、その打撃のコツを掴んだ気になってしまったのである。その錯覚に陥ってしまったのである。

実は、これは、著者だけでなく、プロのスキルやテクニックを掴もうとする人間が、プロの書いた本を読んだとき、しばしば陥る錯覚であり、落し穴である。

では、なぜ、我々は、そうした落し穴に陥ってしまうのか。

自分の中の「知識」と「智恵」を明確に区別しているか

それは、**「知識」と「智恵」の違い**を理解していないからである。

世の中には、この二つを混同してしまう人が少なくないのも事実であるが、我々が「職業的能力」を身につけていきたいならば、この二つの違いを理解することが極めて重要である。このことも、すでに述べたことであるが、やはり大切なことなので、少し詳しく述べておこう。

第一話で述べたように、**「知識」とは「言葉で表せるもの」**であり、書物やウェブで学ぶことができるものである。従って、これは**「文献的知識」**と呼ぶこともできる。

一方、**「智恵」とは「言葉で表せないもの」**であり、経験や体験を通じてしか摑むことができないものである。従って、これは「**体験的智恵**」と呼ぶこともできる。

ちなみに、この「智恵」とは、科学哲学者マイケル・ポランニーが、その著書『暗黙知の次元』の中で、「**暗黙知**」(tacit knowing)と呼んだものであり、彼の言葉、

「我々は、語ることができるより、多くのことを知ることができる」

のごとく、我々は、言葉では表せないが、経験や体験を通じて、多くのことを知っており、これを、昔から日本では「智恵」と呼んできた。

これを、先ほどのプレゼンテーションを例にとって説明しよう。

例えば、我々が、「プレゼンテーション力」に関する本を読み、そこに「プレゼンテーションは、リズム感を大切に行うこと」と書いてあったとする。

その文章を理解しただけならば、我々は、プレゼンの一つの技術を「知識」として記憶しただけにすぎない。「頭で分かった」だけにすぎない。

しかし、我々が、この本のアドバイスを心に刻み、何度もプレゼンを経験し、その「リズム感」を徐々に摑んでいったならば、我々は、そのプレゼンの技術を「智恵」として身につけたと言える。それが、「**体で摑んだ**」ということであり、「**体得した**」ということである。

すなわち、我々が「職業的能力」を身につけるために、まず理解するべきは、この「知識」と「智恵」の違いである。

しかし、残念ながら、読書家や勉強家と呼ばれる人ほど、この二つを混同してしまう傾向がある。

例えば、本を読んで「企画の技術」について学ぶと、それを単なる「知識」として頭に入れただけで、その「智恵」を身につけたと勘違いしてしまうのである。

だが、それは、決して読書家や勉強家と呼ばれる人だけが陥る落し穴ではない。

実は、我々の多くが、実社会に出るまで、中学、高校、大学と、教科書や参考書を読んで、速く、正確に「知識」を憶えることが「優秀さ」であると言われてきたため、実社会に出ても、**「知識」を憶えた瞬間に、大切なことを摑んだと思い込む習慣**が身についてしまっている。

そのため、実社会に出ても、こうした習慣から脱することができない人は、しばしば職場で、上司から、「頭で分かったつもりになるな」という叱責を受けることになる。

また、しばしば見かけるのが、プロフェッショナルがその技術や心得について語っているとき、その言葉を一言一句、漏らさずメモに取ろうとする人がいる。その学ぼうという姿勢には敬服するが、多くの場合、**プロフェッショナルが語っている「智恵」を、単なる「知識」として紙の上に記録しているだけ**になってしまう。

こうしたとき、本当に、その「智恵」を掴むタイプの人は、むしろ、メモを取るよりも、**自身の頭の中で、過去の経験を「追体験」している人**である。

例えば、プロフェッショナルがプレゼンにおける「リズム感」について語っているとき、自身の先日のプレゼンを思い出しながら、その「リズム感」の有無を振り返っているような人の方が、むしろ、正しくこの「智恵」を掴んでいく。

しかし、こう述べてくると、読者の中には、疑問を持つ人がいるだろう。

「知識を学んで、智恵を摑んだと錯覚している人は、実際の仕事の場面で、そのスキルやテクニックを上手く発揮できないので、いずれ壁に突き当たるのではないか……」

その疑問である。

たしかにその通りだが、問題は、その後である。

「知識」と「智恵」の区別がついていない人は、その壁に突き当たったとき、また「知識」のレベルに戻ってしまうのである。

失敗の原因を、自分の「知識」の中に求め、「理屈」で考えてしまうため、自分自身の「経験」に戻って考えることが弱くなってしまうのである。

実際、あるプロの本を読んで、そのスキルが上手く発揮できないとき、別のプロの本に走る人は、決して少なくない。

そして、それは、後ほど述べる**「智恵の体得法」**を身につけるとき、大きな障害になってしまうのである。

従って、もし、我々が、「職業的能力」を身につけたいと思うならば、「**書物を通じて知識を修得する**」（**学ぶ**）**ということと、「経験を通じて智恵を体得する」**（**掴む**）**ということが全く違うということ**を心に刻んでおかなければならない。

そして、このことは、決して「職業的能力」だけではない。「対人的能力」も「組織的能力」も、いずれも、これらの能力は、経験や体験を通じてしか掴めない「体験的智恵」に他ならない。

特に、これからの時代は、この「知識」と「智恵」を明確に区別することが、ますます重要になっていく。

なぜなら、第一話で述べたように、これから我々は、「知識を学び、活用する」というだけならば、人間は、ＡＩに全くかなわない時代に向かっていくからである。

そのため、**これからの時代は、「書物で学べる知識」よりも、「経験でしか掴めない智恵」を、どれほど身につけているかが、人間の存在価値になっていく。**

まず、自分の持つ「体験的智恵」を、すべて棚卸しする

このことを理解するならば、ＡＩ時代を前に、いま、我々が行っておくべきは、**自身の経験や体験を通じて摑んだ「体験的智恵」の「棚卸し」**であろう。

すなわち、これまでの仕事の様々な経験を振り返り、自分が、どの程度の「体験的智恵」を摑んだかを、一つ一つ振り返ることである。

もし、読者が営業職の人間であるならば、例えば、「商品説明のプレゼンを、リズム感良くできるか」「顧客の気持ちを、細やかに感じ取ることができるか」といった具体的な視点から、自分が身につけてきた「体験的智恵」を一つ一つ振り返ることである。

また、企画職の人間であるならば、例えば、「企画会議でメンバーのアイデアや意見を、上手く引き出せるか」「会議での様々な意見を、上手くまとめられるか」といった具体的な視点から、自分が身につけてきた「体験的智恵」を一つ一つ振り返ることである。

そして、そのうえで行うべきは、**自分の「弱点と課題」を明確にすること**であり、**日々の仕事の中で、その「弱点と課題」を克服するような努力を、意識的に行うこと**である。

しかし、こう述べると、読者の中には、「それは、職業人として、当たり前ではないか……」と思われる人もいるだろう。

その通り。こうした棚卸しと課題克服の努力は、ある意味で、プロフェッショナルをめざす人間にとっては「**初級課程**」であり、まともな職業人ならば、意識的にも、無意識的にも行っていることであろう。

従って、ここで大切なことは、その「初級課程」を速やかに卒業し、「中級課程」に向かうことである。

では、**「体験的智恵」を身につけるための「中級課程」**とは、何か。

それは、**「智恵の体得法」を身につけること**である。

この「智恵の体得法」とは、「智恵を摑むための智恵」、すなわち「メタレベルの智恵」と呼ぶべきものであるが、では、それは、いかなる技法か。

五分間の「反省」が、能力の決定的な違いを生み出す

実は、この**「智恵の体得法」を知っているか否かで、職業人としての成長が大きく違ってくる。**

なぜなら、「職業的能力」を始め、「対人的能力」や「組織的能力」とは、すべて「経験」を通じてしか摑めない「智恵」であるが、実は、**ただ仕事の現場を数多く「経験」すれば「智恵」が身につくわけではない**からである。

実際、世の中を見渡すと、一つの職種で色々な「経験」を積んでいるにもかかわらず、

その職種に必要な「技術」や「心得」を十分に身につけていない人は、決して少なくない。

例えば、営業職で一〇年以上も働いておりながら、ひとたび部下を持ち、営業の技術や心得を指導しなければならない立場になったとき、それが上手くできない人材がいる。

こうした人材は、多くの場合、営業マニュアルに書かれていることを、工夫も無く、何年も繰り返してきただけの人材であり、残念ながら**「経験だけは豊かだが、職業的能力に乏しい人材」**と言わざるを得ない。

では、なぜ、そうした人材が生まれてくるのか。

それは、こうした人材が、**「経験」を「体験」にまで深めていない**からである。

ただ漫然と仕事の「経験」を積んでいるだけで、その「経験」から掴むべき「智恵」をしっかりと掴み、それを「体験」にまで深めていないからである。

では、どうすれば、「経験」を「体験」にまで深めることができるのか。

「反省」をすることである。

ただ、ここで「反省」と言うと、読者の中には誤解をする人がいるかもしれない。なぜなら、多くの人が、「反省」という営みを、「後悔」や「懺悔」という行為と混同しているからである。

しかし、「反省」とは、**過ぎてしまったことを悔いる「後悔」や、自分の非を認める「懺悔」とは全く違ったもの**である。

それは、仕事の「経験」から「智恵」を摑み、成長していくための、具体的で科学的な技法であり、**仕事の「経験」を、そのまま放置せず、心の中で、その経験を思い起こし、「追体験」し、そこでいかなる「智恵」を摑んだか、いかなる「技術」や「心得」を身につけたかを振り返ること**である。

実は、この「反省」を**習慣として続けるだけで、我々の職業的能力は、確実に高まっていく。**しかも、この「反省」という技法は、決して時間と労力のかかる技法ではない。

例えば、一時間のプレゼンテーションの経験を、追体験し、振り返るのに、一時間かかるわけではない。わずか五分で効果的な「反省」ができる。わずか五分、その時間を持つだけで、先ほどまでの「経験」が「体験」へと深まっていく。そして、確実に、仕事の「智恵」を掴み、「技術」や「心得」を身につけていくことができる。

では、この「反省」を、どのようにして行うか。

「反省」は、経験の「鮮度」が高いうちに行う

二つのことを述べておこう。

第一に「反省」の進め方であるが、これは、**まず「技術」の振り返りから始め、次に「心得」の振り返りへと深めていく**。

例えば、先ほどのプレゼンであれば、まず、「スライドの作り方」「話の分かりやすさ」「話のリズム感」「手元資料の内容」「質疑の進め方」などの「技術」の側面に焦点を当てて振り返りと反省を進めていく。

そのうえで、次に、「顧客に対して上から目線になっていなかったか」「売りつけようとの意識が強すぎなかったか」「初歩的な質疑に対しても丁寧に説明できたか」「早く終わらそうとして焦っていなかったか」などの「心得」の側面に焦点を当てて、振り返りと反省を行う。

このように「技術」の側面から「心得」の側面に焦点を移していくと、ときおり、「心得の問題」が「技術の問題」を引き起こしていることに気がつくときがある。

例えば、「時間が気になって早く終わらそうと思ったので、リズム感が悪くなってしまった」といった反省である。

第二は、**いつ「反省」を行うか**という点であるが、これは、大きく二つの技法がある。

一つは、「直後の反省対話」という技法である。

これは、**会議や会合、商談や交渉の「直後」に、その場に同席した上司や先輩、同僚や部下と、先ほどまでの会議や会合、商談や交渉の場の振り返りと反省を行うこと**である。

例えば、商談の後の帰り道、タクシーの中で、上司と次のような会話をすることである。

「先ほどの私の技術説明、お客様は眉をしかめて聞かれていましたが、私の説明が分かりにくかったのでしょうか？」

「いや、分かりにくくはなかったが、少し早口で、お客様には聴き取りにくかったのではないかな……」

「そうですか……。実は、先方の部長さんがしきりに時計を気にされていたので、商談の技術説明の部分は早めに切り上げなければと、少し焦って話したから早口になってしまったのかと思います……」

「そうだな……。まあ、あそこは、少し説明を短くする必要がある場面だと思うので、その気持ちは分かるが、あれこれ早口で喋るよりは、少ない言葉で要点だけを語り、明瞭な声で話すほうが良いな……」

このように、この「直後の反省対話」の技法の優れた点は、先ほどまでの会議や会合、商談や交渉の「**直後**」**に振り返りを行うので、まだ、その場の記憶が鮮明であり、追体験をするのが容易であること**である。

また、この会話例にあるように、この「直後の反省対話」という技法は、その会議や会合、商談や交渉の場に同席した**上司や先輩、同僚や部下と、複数の視点から振り返りと反省ができる**という利点もある。そして、優れた上司や先輩からアドバイスをもらえるという利点もある。

では、もう一つの技法は何か。

それは、「**深夜の反省日記**」という技法である。

プロフェッショナルは、「深夜」に成長する

これは、一日の仕事を終えた夜、一人になったとき、会議や会合、商談や交渉を始め、その日に経験した様々な仕事の場面を、心の中で追体験し、その場面での自分の技術や心得を振り返り、その反省を言葉で記していくという技法である。

このささやかな技法と習慣を身につけるだけで、やはり、我々の職業的能力は、確実に高まっていく。

著者自身、学生時代から、大学ノートを使ってこの「反省日記」をつけ始め、実社会に入っても、一〇年余り、この習慣を続けたが、この「深夜の反省日記」をつけ続けたことが、著者のプロフェッショナルへの道を拓いてくれた。

しかし、この「直後の反省対話」と「深夜の反省日記」という「反省の技法」について述べると、読者から、次のような素朴な疑問の声が挙がるかもしれない。

「もともと、『体験的智恵』とは、本来、言葉にならないものであろう。そうであるならば、会議や会合、商談や交渉の場で掴んだ『智恵』を、言葉で語ることはできないのではないか。それにもかかわらず、なぜ、反省の技法においては、『言葉で語ること』を大切にしているのか」

たしかに、「言葉にならない智恵」を言葉で振り返るということは、一見、矛盾した行為に思えるだろうが、実際には、「直後の反省対話」や「深夜の反省日記」によって、一つの経験から学んだ技術や心得を「言葉」にする努力をしていると、自然に、「言葉にならない智恵」が心の中に浮かんでくるのである。

実は、この機微を、哲学者の**ヴィトゲンシュタイン**は、その著書**『論理哲学論考』**の中で、次の言葉で述べている。

「我々は、言葉で語り得ることを、語り尽くしたとき、言葉で語り得ぬことを、知ることがあるだろう」

まさに、この言葉のごとく、例えば、先ほどの商談を振り返り、その反省の中で、

「先ほどの商談では、お客様からの質問に対する答え方は、少し呼吸が浅かった。もう少し、一呼吸おいて回答をするべきであった」

「あの場面で、呼吸が浅くなった理由は、あの質問が鋭い所を突いたものであったので、一瞬、心が動揺してしまい、落ち着きを失ってしまったからだ」

などと言葉にすると、本来、言葉で表せない「一呼吸おいて話をする」という技術や、「落ち着きを失わない」といった心得が、心の中で、明確な「感覚」として浮かび上がり、摑めるのである。

これは、喩えて言えば、ちょうど深い井戸から井戸水を汲み上げることに似ている。**井戸から「表層の水」（言葉になるもの）を汲み上げていくと、自然に、「深層の水」（言葉にならないもの）も表層に近い所に上がってきて、それを感覚で汲み取りやすくなるのである。**

「反省の技法」とは、ある意味で、この「ヴィトゲンシュタイン的技法」でもある。

また、この「反省」**をするとき大切なことは、「どのような視点から反省をするか」ということ**である。

例えば、ある商談が上手くいかなかったとき、「資料の作り方が悪かった」という視点で反省するのと、「お客様の気持ちを感じ取りながら説明できなかった」という視点で反省をするのでは、摑める智恵の深みが、大きく異なってくる。

その意味で、「直後の反省対話」においては、経験豊かな優れた上司や先輩のアドバイスを聞くだけでなく、同時に、その「**反省の視点**」**を学ぶ**ことが大切である。

そして、こうした優れたプロフェッショナルから学ぶということは、「智恵の体得法」として、「反省の技法」に並ぶ、もう一つの大切な技法でもある。

それは、「私淑の技法」である。

最高のスキルやマインドは「師匠」からしか学べない

「私淑」とは、優れた能力を持っている人物を、心の中で「師匠」と思い定め、その人の仕事をする姿から、言葉を超えて、直接、その技術や心得を学ぶことである。

実は、我々が、職業的能力を磨いていくとき、この「私淑する師匠」がいるか否かが、極めて重要である。なぜなら、我々が、技術や心得を摑んでいくとき、ただ「経験」を積み、「反省」をするだけでは限界があるからである。

例えば、もし我々が「会議力」という職業的能力を磨いていきたいのであれば、自分が主宰した会議を振り返り「反省の技法」を用いて、そこでの技術や心得を反省することは当然としても、それだけでは、決して「会議力」を磨いていくことはできない。

やはり、身近な職場に「会議力」に優れた上司や先輩を見つけ、その上司や先輩から「会議力」を学ぼうと思い定め、その上司や先輩が主宰する会議に参加し、その会議の運営の技術や心得を細やかに観察し、自分の主宰する会議でも、その技術を使ってみることである。また、その心得を大切に会議の運営をしてみることである。

実際、世の中を見渡すと、**一流のプロフェッショナルと呼ばれる人々は、職種を問わず、分野を問わず、誰もが、若き日に、優れた「師匠」との出会いを持っている。**

その意味で、我々が、日々の仕事において、「師匠」と呼べる人と巡り会えるか否か、その「師匠」から、どれほど智恵を学べるかは、大切な問題である。

そして、さらに言えば、その「師匠」との触れ合いを通じて、「**師匠からの智恵の学び方」、すなわち「私淑の技法」をどれほど摑んだか**が我々の成長を決めてしまう。

例えば、著者は、プロフェッショナルとして、いまだ修業中の身であるが、それでも、有り難いことに、毎年、数多くの講演依頼を受けており、また、これまで様々な著書を上梓してきた。

しかし、実は、著者は、大学時代は、決して話の上手な人間ではなかった。また、文章の上手な人間でもなかった。

だが、著者にとって、大学を卒業した後、二年間、先に述べた医学部のY教授の研究室で学んだことが、大きな糧となっている。

なぜなら、そのY教授は、話の達人であり、文章の達人でもあったからである。

そのため、研究室での二年間、専門的な知識を学び、研究を進める一方で、この教授の講義のスタイルから話術を学び、教授の上梓する書籍から文章術を学んだ。

もとより、この教授が「話術を教えてあげよう」「文章術を教えてあげよう」と、直接、具体的な指導をしてくれたわけではないが、「話術や文章術のプロ」としての教授のスキルやテクニックを細やかに観察しているだけで、得るものは大きかった。

例えば、文章術においては、すべてを「三つ」にまとめていく論理構成や、文章のエンディングの余韻の作り方の見事さは、深く学ぶものがあった。

話術についても、そのリズム感や、本題からの脱線の仕方、本題への戻り方、ときおり交える冗談の呼吸など、やはり深く学ぶものがあった。

では、このY教授の話術や文章術は、天性のものであったのか。

実は、このY教授の話術について感銘を受けたエピソードがある。

ある日、教授と長く研究生活を共にしているK助手に、「Y先生は、昔から、あんなに話が上手かったのですか？」と聞いたところ、「いや、先生は、助教授になることが決まり、講義を担当することになったとき、寄席に通って、落語家の話術を学んだのですよ」という答えが返ってきた。

やはり、あれほどの話術の達人のY教授でも、かつて、「私淑」をしてその話術を磨いたのであった。この場合の「私淑」とは、落語家の話を間近で何度も聴きながら、話術のコツを摑んだという意味であるが。

このY教授は、弟子への深い愛情を持った人であったが、それゆえ、弟子の成長のために厳しい指導をする師匠でもあった。しかし、その教授に師事し、私淑した二年間に、話術、文章術はもとより、知的プロフェッショナルとしての多くの技術と心得を学ぶことができた。そのお陰で、今日の自分がある。

そして、このY教授から学び続ける中で身につけた「私淑の技法」が、後年、著者が実社会に出て民間企業で働くようになってから、大きく役に立った。

なぜなら、著者が大学院を終え入社した企業で配属になったのは、希望した研究開発部門ではなく、全く経験の無い企画営業部門であったが、この職場で巡り会ったのが、「営業の達人」と呼ぶべきA課長だったからである。そして、「私淑の技法」を通じて、このA課長から学んだ営業の技術や心得が、その後の私の人生を、大きく拓いてくれた。

さらに、この企業では、後にこの会社の社長となるA専務との出会いもあった。このA専務は、「戦略思考のプロフェッショナル」と呼ぶべき人物であったが、この専務からも、私淑することを通じて、戦略思考の真髄を学ぶことができた。

このように、我々が、本当に「職業的能力」を身につけ、磨きたいのであれば、「**反省の技法」とともに、この「私淑の技法」を身につけなければならない。**そして、それを、日々実践しなければならない。

我々が、どれほど、書店に並ぶ『プロの技術』『達人の技』といった本を読んでも、「反省によって経験から学ぶ」「私淑によって人間から学ぶ」という二つのことを実直に行い続けることがなければ、決して、高度な「職業的能力」を身につけることはできないだろう。

「智恵の体得法」の次は、上級課程の「智恵の伝承法」を身につける

もう一度述べよう。反省によって経験から学ぶ「反省の技法」と、私淑によって人間から学ぶ「私淑の技法」は、プロフェッショナルとしてのスキルやセンス、テクニックやノ

ウハウという「技術」を身につけ、さらには、マインドやハート、スピリットやパーソナリティという「心得」を身につけるための優れた技法であり、それは「体験的智恵」を摑むための「智恵の体得法」と呼ぶべきものである。

では、AI時代に、なぜ、この「智恵の体得法」が重要なのか。

もとより、こうしたプロフェッショナルとしての「技術」や「心得」は、経験や体験を通じてしか摑めない「体験的智恵」であるため、書物や文献を通じて学ぶことのできる「文献的知識」に比べるならば、AIによって置き換えられにくく、淘汰されにくい能力である。

しかし、AIの発達と並行して急速に進むロボティクスの発達によって、我々が永年の経験を通じて身につけた「技術」もまた、AIを搭載したロボットによって置き換えられる可能性が高まってくる。さらに、やはり永年の修業を通じて身につけた「心得」もまた、AIが、ある程度の「ホスピタリティ」や「おもてなしマインド」を模擬・模倣することによって、その一部は、置き換えられていく可能性がある。

こうしたことを考えるならば、ＡＩ時代に活躍する人材とは、単にプロフェッショナルとしての「技術」や「心得」を身につけているだけでなく、その「技術」や「心得」がロボットやＡＩによって置き換わる状況になり、陳腐化していったときも、**新たな分野でのプロフェッショナルの「技術」や「心得」を速やかに身につけることのできる人材**である。すなわち、それは、**単に「体験的智恵」を身につけた人材ではなく、その「体験的智恵」を身につける「メタレベルの智恵」、すなわち「智恵の体得法」を身につけた人材**に他ならない。

そして、さらに言えば、これからのＡＩ時代に活躍する人材とは、自分自身がプロフェッショナルとしての「体験的智恵」や「智恵の体得法」を摑んでいるだけでなく、**自分が預かる部下やメンバーに、その「体験的智恵」や「智恵の体得法」を伝え、身につけさせることのできる人材**、すなわち、**「智恵の伝承法」**を身につけた人材である。

では、「智恵の伝承法」とは、いかなる技法か。

実は、それは何か特殊な技法ではない。

もし、我々が、プロフェッショナルの「技術」や「心得」を身につけているならば、仕事を通じて、それを部下やメンバーの前で披露すれば良い。

そして、我々が、「反省の技法」や「私淑の技法」を身につけ、自ら実践しているならば、その技法を、そのまま、自分が預かる部下やメンバーに教えてあげれば良い。

それだけで、部下やメンバーは、我々を「師匠」として、「技術」や「心得」を掴んでいくだろう。そして、日々の仕事を「反省」しながら、自ら、必要な「技術」や「心得」を身につけていくだろう。

それが「智恵の伝承法」であるが、このように、プロフェッショナルとしての「体験的智恵」は、メタレベルの智恵を含めて考えるならば、次の「三つのレベル」の能力があることを理解すべきである。

第一　「体験的智恵」のレベル
プロフェッショナルとして身につけた「技術」や「心得」などの能力

第二　「智恵の体得力」のレベル
新たな「技術」や「心得」が必要になったとき、それを円滑に体得できる能力

第三　「智恵の伝承力」のレベル
部下やメンバーに、必要な「技術」や「心得」を摑ませることができる能力

そして、この「三つのレベル」の能力は、後者の能力ほど、ＡＩによって置き換えられにくい能力であることは、言うまでもない。

ＡＩは、遂に「知的創造力」さえも発揮するようになる

さて、ここまで「職業的能力」について、その「体得法」や「伝承法」について述べて

きたが、**最も高度な「職業的能力」の一つである「知的創造力」**は、どのようにすれば身につくのか。どのようにすれば、「クリエイティビティ」と呼ばれるものを身につけることができるのか。

この問いは、誰もが興味のある問いであろう。

しかし、これからのＡＩ時代に「知的創造力」や「クリエイティビティ」と呼ばれる能力を身につけたいと考えるのであれば、最初に理解しておくべきことがある。

実は、**ＡＩは、それほど遠くない時期に、我々の持つ「知的創造力」や「クリエイティビティ」に近い能力も発揮するようになっていく。**

例えば、絵画の世界では、二〇一六年に、マイクロソフトがオランダの美術館と協働して、ＡＩに三〇〇枚を超すレンブラントの絵を学習させ、レンブラントの画風を真似た絵を描かせることに成功している。

また、音楽の世界では、やはりＡＩが、これまでヒットした曲を大量に学習し、ある曲が、発売後、どの程度、音楽市場でヒットする可能性があるかを判断することができるようになっている。そして、このＡＩの判断能力と作曲能力を組み合わせることによって、ある音楽ジャンルで、ヒットする可能性の高い曲を作曲したり、まだこれまでにない斬新な曲を作曲することもできるようになってきている。

さらに、映画シナリオなどの創作においても、ＡＩが、過去の様々な映画シナリオを学習し、ヒットする可能性の高いシナリオを創作したり、これまでにない大胆なシナリオを創作することもできるようになっていくだろう。

こう考えてみると、絵画やビジュアル・アートの世界においても、音楽やサウンド・アートの世界においても、小説やシナリオ・ライティングの世界においても、すでに、ＡＩは、ある程度の「クリエイティビティ」を発揮することができるようになっている。

従って、我々は、**世の中の仕事のうち、「クリエイター」の仕事と言われてきたものも、そのかなりの部分が、ＡＩによって置き換えられていく**ことを覚悟しなければならない。

では、どうするか。

もとより、我々に、並外れた「知的創造力」、例えば、絵画のピカソや音楽のモーツァルト、科学のアインシュタインといった天才的な人間の水準の「知的創造力」があれば、心配はない。

また、独創的な技術者が生み出す画期的な技術や、世界的なデザイナーが生み出す斬新なデザインなどの水準の「クリエイティビティ」があるならば、問題はない。

そうした水準の「知的創造力」や「クリエイティビティ」があれば、その人材は、AI時代だけでなく、いかなる時代においても、必ず活躍する人材となっていけるだろう。

しかし、そうした才能を持つ人材は、ごく稀である。従って、本書で、その水準の議論をすることは、あまり意味が無い。

では、これからのAI時代に、我々に求められる「知的創造力」とは、どのようなものか。これからの時代、AIに代替され、淘汰されることのない「知的創造力」とは、どのようなものか。

実社会では「実現力の無いアイデアマン」は、無視される

実は、これからの時代に、ＡＩに代替され、淘汰されることのない「知的創造力」とは、次の言葉で表される力である。

「自分の専門の仕事における新たなアイデアを生み出し、それを、自らの所属する組織の中で実現していく力」

こう述べると、「何と当たり前のことを……」と思われる読者がいるかもしれないが、実は、ここで大切なことは、「実現していく力」という部分である。

すなわち、**実社会において求められる「知的創造力」とは、この「実現していく力」を含めての能力のこと**である。

そのことは、多くの読者が、職場で経験していることであろう。

例えば、ある社員が、職場において、ある顧客サービスについて、新たなサービスの方法を考えついたとする。しかし、ただ、それを提案したり、語っているだけでは、「知的創造力」を持った人材とは言われない。

その提案を、魅力的な企画書にまとめ、上司や幹部を説得し、職場の仲間を巻き込み、一つのプロジェクトとして動かし、具体的な結果を出したとき、初めて、その社員は、「知的創造力」を持った人材として認められる。

ごく特殊な職業は別として、我々の多くが働く仕事の現場においては、ただ新たなアイデアや面白いアイデアを語っただけで、そのアイデアを実現するために行動する力を持たなければ、周りから「アイデア倒れの人」という評価を受けてしまう。そして、それを繰り返していくと、いつか、職場の仲間は、誰も相手にしてくれなくなる。それが実社会の現実であろう。

この現実に対して、我が国の教育の世界では、「創造性を育む」といった言葉や、「創造的な人材を育てる」といった言葉がしばしば語られるが、実社会では、どのような分野においても、「創造的」と言われるプロフェッショナルは、単にアイデアが卓抜なだけでなく、**それを組織の中で、さらには社会に向けて提案し、実現する力を身につけている。**

私自身、そのことを思い知らされたのが、米国のシンクタンクで働いたときである。

世界最高のシンクタンクは「創造性」ではなく「革新性」を求める

著者が働いたシンクタンクは、ゼロックスの開発を始めとする様々な先端技術の開発で知られる技術系シンクタンクであり、当時、米国のオハイオ州コロンバス、ワシントン州リッチランド、スイスのジュネーブ、ドイツのフランクフルトの四研究所で、総勢八千名の研究員とスタッフが働いていたバテル記念研究所であるが、この中でも最大の組織を誇るリッチランドのパシフィックノースウェスト研究所に着任したときのことである。

当初、私は、その研究所で高い評価を受けるのは、「創造的なアイデア」を提案できる研究員であろうと思い、「クリエイティビティ（creativity）」ということが評価基準であると思っていたが、着任のとき、所長から言われた言葉に衝撃を受けた。

「この研究所では、
『創造性』（creativity）という言葉は使わない。
『革新性』（innovativity）という言葉を使う」

そして、実際に、その研究所で働いてみると、所長の言葉通り、どれほど「創造的なアイデア」を提案しても、それだけでは評価されない。そのアイデアを具体的に実行し、研究成果を出し、何かの「イノベーション」（革新）を実現したとき、初めて、その研究所で評価された。

しかし、こうした文化は、決して、バテル記念研究所だけのものではない。

いま、世界で最も創造的な人材が集まる企業と言われる「グーグル」においても、やはり、社内での評価の基準は、新たなアイデアを提案することではない。そのアイデアを具体的なソフトウェアやサービスとして試作したとき、初めて高い評価を受ける。

世界の最先端で活躍する「創造的な人材」とは、「アップル・コンピュータ」の創業者、スティーブ・ジョブズを始め、実は、そうした「アイデア実現力」を身につけた人材なのであるが、現在の我が国の大学教育においては、残念ながら、そうした教育は、あまり行われていない。

では、その「アイデア実現力」とは、どのような力か。

それは、優れたアイデアを発案するだけでなく、そのアイデアの実現を妨げる目の前の現実、すなわち、上司の判断、仲間の意識、職場の文化、会社の方針、技術的な問題、資金的な制約、制度的な壁、市場の現状、社会の仕組みなどを変えていくことのできる力、「現実変革力」と呼ぶべきものである。

そして、この「アイデア実現力」や「現実変革力」は、これからＡＩが、どれほど創造的なアイデアを発案しようとも、人間だけが発揮できる能力に他ならない。

では、どうすれば、我々は、その「人間だけが発揮できる能力」、目の前の現実を変える「現実変革力」を身につけていくことができるのか。

その答えは、明確である。

そのためには、我々は、まず、「**目の前の一人の人間を納得させる力**」や「**組織を動かす力**」を身につけなければならない。

こう述べると、読者は、一つの大切なことに気がつかれるだろう。

それは、「**職業的能力**」「**対人的能力**」「**組織的能力**」**という三つの能力が、密接に結びついている**ことである。

すなわち、最も高度な「職業的能力」の一つである「知的創造力」を発揮するためには、上司や同僚、顧客や業者など、目の前の一人の人間に、自分が提案するアイデアに納得し、共感し、賛同し、協力してもらえる「対人的能力」が不可欠である。そして、さらには、そのアイデアを実現するために、自らの所属する企業や組織の中での合意を作り、任された一つの組織やチームをマネジメントする「組織的能力」が必要である。

では、その「対人的能力」や「組織的能力」を身につけ、磨いていくには、どうすれば良いのか。

次の第四話で、そのことを話そう。

第四話　ＡＩ時代に求められる「対人的能力」とは何か

「言葉のコミュニケーション力」よりも「言葉を使わないコミュニケーション力」と「体験的共感力」を身につける

コミュニケーションの八割は、言葉以外で伝わる

第三話では、我々が、これからのＡＩ時代に活躍する人材になろうと思うならば、まず「職業的能力」を磨く必要があることを述べた。しかし、この「職業的能力」を磨いただけでは不十分である。決してＡＩでは代替できない能力を身につけようと思うならば、さらに高度な能力である「対人的能力」を身につけなければならない。

では、**「対人的能力」**とは何か。

その一つの分かりやすい例は、**「ホスピタリティ」**、すなわち、日本語で**「接客力」**と呼ばれるものである。**顧客の気持ちを細やかに感じ取り、顧客に対して温かいもてなしの心でサービスを提供できる能力**である。

しかし、ＡＩ時代における「ホスピタリティ」の重要性については、すでに世界中の多

くの専門家が指摘していることでもあり、改めて述べるまでもなく、多くの読者が、そのことは理解されているであろう。

むしろ、読者にとって重要な問題は、この「ホスピタリティ」をいかにして身につけるかということである。

しかし、この「ホスピタリティ」は、ただ接客業やサービス業で「接客経験」を数多く積むということだけでは決して身につかない。実際、接客業やサービス業で長く働きながら、まもなくAIによって置き換えられてしまう水準の「ホスピタリティ」しか身につけていない人材も、珍しくない。

例えば、「目は笑っていない形だけの笑顔」「心のこもっていない『有り難うございます』の言葉」「ただマニュアルに従っただけのサービス」「心を残すという趣の無い見送り」など、日々、多くの読者が経験していることであろう。

こうした人材が生まれてくる理由は、現在の接客業やサービス業において、「ホスピタリティ」や「おもてなし」という言葉は、何度もお題目のように語られていながら、その「ホスピタリティ」や「おもてなし」を発揮するために不可欠な「基本的能力」を身につける教育が疎かにされているからである。

では、その「基本的能力」とは何か。

それが「**コミュニケーション力**」である。

すなわち、「**相手の考えや気持ちを深く理解する力**」と「**相手に自分の考えや気持ちを円滑に伝える力**」である。

しかし、こう述べると、読者は、

「ああ、よく言われる、コミュニケーション力か……」

「話し方を磨けということか……」

「話術を身につけよということか……」

と思うかもしれない。

たしかに、それも「コミュニケーション力」ではあるが、この「**コミュニケーション力」の最も重要な部分は、そうした「話し方」や「話術」といったものではない。**

もとより、人間同士のコミュニケーションにおいて、「話し方」や「話術」は大切ではあるが、そうしたものは、「コミュニケーション力」という意味では、実は、初歩的なものにすぎない。

それは、なぜか。

実は、**コミュニケーションの八〇%は「ノンバーバル」**だからである。

ここで「ノンバーバル」(non-verbal)とは、「**非言語的**」という意味。

すなわち、コミュニケーションの専門的研究によれば、我々の**コミュニケーションの八〇%は、言葉によるものではなく、眼差しや目つき、表情や面構え、仕草や身振り、姿勢やポーズなど、言葉以外によるものである。**逆に言えば、言葉によるコミュニケーションは、コミュニケーション全体の二〇%程度にすぎない。さらに低い割合、七%程度という研究者もいる。

従って、この「非言語的なコミュニケーション力」を磨かず、「言語的なコミュニケーション力」だけに頼っている人は、人間の持つコミュニケーション力の「二割」しか使っていないということになる。言葉を換えれば、「言語的コミュニケーション力」だけの人と、「非言語的コミュニケーション力」をも最大限に活用する人とでは、ある意味で、その能力が「五倍」違うとも言える。

いずれにしても、コミュニケーションの大半は「ノンバーバル＝非言語的」なものであることを、まず最初に、我々は理解しなければならない。

そして、それを理解したならば、次の二つの問いを、自問するべきであろう。

その自問を通じて、自身の「コミュニケーション力」を振り返ってみる必要がある。

言葉を使わずに、どれほどコミュニケーションできるか

第一の問い　我々は、相手の「無言のメッセージ」を、その眼差しや表情、仕草や姿勢から、どの程度理解できるだろうか。

第二の問い　我々は、自身の眼差しや表情、仕草や姿勢によって、相手に、どのような「無言のメッセージ」を伝えてしまっているかを理解しているだろうか。

この二つの問いを読者に問う理由は、世の中で活躍している一流のプロフェッショナルは、**職種を問わず、分野を問わず、この「非言語的なコミュニケーション力」が優れているからである。**

しかし、接客業やサービス業で長く仕事をしてきた人でも、この「二つの能力」を高度なレベルで身につけている人は、必ずしも多くない。

なぜなら、**この能力を身につけるためには、高度な「推察力」や「想像力」が求められるからである。すなわち、相手の表情の奥を推察する力や、相手の気持ちを想像する力である。**

そして、この人間の心に対する「推察力」や「想像力」は、現実の対人関係を、濃密に体験することによってしか身につかない能力であり、ＡＩでは、容易に発揮できない能力である。

しかし、一方、現在の教育制度の下で、我々は、高校や大学を卒業するまでは、論理的思考力や分析的思考力は、それなりに身につけてきたが、人間の心に対する推察力や想像力は、あまり身につける機会を持たずにきている。現在の学校教育では、この二つの能力の涵養に、あまり時間を割いていないからである。

実際、いま世の中を見渡すと、人の心の推察力や想像力が欠如しているため、この「非言語的コミュニケーション力」が身についていない人材は、珍しくない。

例えば、顧客が話を打ち切りたいと思っているにもかかわらず、その気持ちを感じ取ることができず、一方的に自分の話したいことを話し続ける営業担当者。

企画会議の参加メンバー全員が、「課長、そろそろ、まとめてください」と思っているが、その空気を感じ取ることができず、締まりのない会議を続ける企画課長。

プロジェクト会議において、メンバーが心の中で「もうこれ以上の残業は無理です！」と悲鳴を上げているのに、その無言の声が聞こえず、「頑張ろう！」と言い続けるプロジェクトリーダー。

職場を見渡せば、そうした人の心の推察力や想像力が欠如している人材は、決して少なくない。

だからこそ、我々は、日々の仕事を通じて、意識的に、真剣で濃密な対人関係の経験を積むことによって、この推察力や想像力を身につけ、「非言語的コミュニケーション力」を磨いていかなければならない。

ＡＩが苦手な「言葉を使わないコミュニケーション」

そして、それは、これからのＡＩ時代に活躍する人材となるためには、不可欠のことである。

なぜなら、急速に発達するＡＩは、早晩、この「コミュニケーション力」のうち、「**言語的コミュニケーション力」については、かなりの部分、人間の能力を代替していく**から**である。**

実際、音声対話機能の発達もあり、今後、各種施設の受付やフロント、カウンターでの顧客対応業務や、電話での顧客対応業務などは、急速にＡＩが代替していくだろう。

もともと、ＡＩは、情報の検索や確認などにおいては圧倒的に優れており、顧客との間での正確なやりとりが求められる「言語的コミュニケーション」においては、今後、人間の仕事を大きく代替していくだろう。そのため、事務的な手続きだけを進めている受付やフロント、カウンターのスタッフはもとより、商品パンフレットを読み上げるだけのような営業担当者は、確実に、ＡＩに淘汰されていくだろう。

しかし、一方、**人間の心に対する推察力や想像力といった曖昧さのある「非言語的コミュニケーション」においては、やはり、ＡＩは、人間の高度な能力には追いつけない。**

従って、これからのＡＩ時代、人間に求められるのは、顧客の心を、その表情や仕草などから敏感に感じ取ったり、心のこもった笑顔で、顧客に安心感と信頼感を与えることのできる力、いわば、**「言葉を使わないコミュニケーション力」**となっていく。

ちなみに、ＳＦ映画の古典とも呼べる、アーサー・Ｃ・クラーク原作、スタンリー・キューブリック監督の『２００１年　宇宙の旅』には、ＨＡＬというＡＩが登場する。このＡＩは、極めて高度な能力を持ち、主人公のボーマンと同僚との会話を、その音声が聴き取れない状況にもかかわらず、彼らの唇の動きから「読唇術」を使って聴き取ってしまう。

それは、見事な能力であるが、しかし、それでもなお、この能力は「言語」の読み取りであり、「言語的コミュニケーション」の範疇を超えていない。

この映画の未来予測はさておき、いずれにしても、我々が「言語的コミュニケーション」の力だけでなく、「非言語的コミュニケーション」の力を身につけ、磨いていくならば、ＡＩが人間の能力を大きく代替していく時代においても、我々は、「活躍する人材」になっていけるだろう。

会議や会合の後に、必ず「推察」や「想像」をする

では、いかにして、この「非言語的コミュニケーション」の力を身につけ、磨いていくのか。

そのための有効な方法が、一つある。

それは、先ほど第三話で述べた「反省の技法」を、さらに高度なレベルで応用することである。

第三話では、「職業的能力」を磨くためには、「反省の技法」を、

第一　会議や商談の後、自分の仕事を「技術」の視点から振り返る

第二　会議や商談の後、自分の仕事を「心得」の視点から振り返る

……面に分けて用いることである。

……伝わったかを想像する

すなわち、会議や会合、商談や交渉といった「対人的な経験」の後、必ず、この二つの側面からの「反省」を行うことである。**その会議や会合、商談や交渉の場面を「追体験」しながら、その場で、どのような「無言のメッセージ」が交わされたかを振り返ることで**ある。

具体的には、**参加者や顧客の表情、眼差し、仕草、姿勢から「無言のメッセージ」を推察することであり、自分の表情、眼差し、仕草、姿勢から、どのような「無言のメッセー**

ジ」が伝わったかを想像することである。

例えば、

「Aさんは、言葉では賛成と言っていたが、その表情からは、あまり乗り気でない気持ちが伝わってきた」

「Bさんは、あの瞬間、黙っていたが、自分を見る眼差しからは、温かいものが伝わってきた」

「Cさんの発言中、自分は、小さく頷いていたが、それで、こちらの思いは伝わったようだ」

「Dさんは、あのとき、自分が時計を見たので、次の予定があると思って、話を切り上げてくれたのだろう」

といった形で、その場での「無言のメッセージ」の交換を振り返り、そこで起こった「非言語的コミュニケーション」を振り返ることである。

実は、著者も、実社会に出た新入社員の頃から、会議や会合、商談や交渉の後、必ずその場を「追体験」し、この「無言のメッセージ」の交換を振り返るという習慣を続けてきた。それは、配属された営業部門の上司が、その習慣を持っていたからであるが、そうして身につけた「非言語的コミュニケーション」の力が、後に、自分の大きな財産になっていることに気がついた。

ここで、もう一度、要点を述べておこう。

ＡＩ革命の脅威が語られる時代において、世界中の多くの専門家が、ＡＩに代替されない人間の能力の一つとして「ホスピタリティ」（接客力）を挙げている。

しかし、これらの専門家は、社会の変化をマクロに予測することにおいては洞察力を発揮するが、彼らは、経営と労働の現場を深く知っているわけではないため、「では、どうすればホスピタリティの能力を高めていけるのか」については、教えてくれない。

そこで、この第四話においては、この「ホスピタリティ」の能力を高めていくための方法として、特に、人間の心に対する推察力と想像力を身につけ、「非言語的コミュニケーション」の力を磨いていくことの重要性について述べた。そして、そのための具体的な技法についても述べた。

なお、この「非言語的コミュニケーション」の技法については、拙著『仕事の技法』（講談社現代新書）において「深層対話の技法」として詳しく述べているので、興味を持たれる読者は、そちらを参照して頂きたい。

しかし、我々が、「ホスピタリティ力」や「コミュニケーション力」を身につけ、「対人的能力」を磨いていこうと思うならば、この「非言語的コミュニケーション」の力を身につけることに加え、実は、もう一つ大切なことがある。

それは、何か。

「共感力」を身につけることである。

AIには決して真似できない、生身の人間の「共感力」

この「共感力」という力は、これまでも、良き人間関係を築くための能力や、優れたリーダーシップを発揮するための能力として、その大切さは、様々な形で語られてきた。

しかし、これからのAI時代には、この「共感力」は、さらに重要な能力になっていく。

なぜなら、これからAIは、その技術的進歩に伴って、人間の持つ様々な能力を代替していくが、この**「共感力」は、AIには決して真似できないもの**であり、文字通り、**人間だけが持つことのできる能力**だからである。

では、なぜ、この「共感力」は、AIには決して真似できないのか。

なぜなら、**「共感」とは、文字通り、「共に感じる」こと**だからである。

それは、**人間の持つ、喜びや悲しみ、楽しさや苦しさ、安心や不安、友情や孤独、愛情や憎悪、といった生身の感情を共有すること**だからである。

しかし、この二一世紀の初頭に開発されているＡＩには、本来、この「感情」というものが無い。それが、どれほど高度なものであれ、コンピュータという機械であるかぎり、そこには「感情」は無い。

そのため、**ＡＩには、感情を共有するという意味で、相手に「共感」することはできず、従って、人間の代わりに「共感力」を持つことは、原理的にできない。**

もとより、ＡＩに「共感しているような言葉」を語らせることや、ＡＩを搭載したロボットに「共感しているような表情や仕草」をさせることはできるだろう。それは、いずれ、技術の進歩に伴ってできるようになるだろう。

しかし、それは、やはり、どこまでも、「共感しているような言葉」であり、「共感しているような表情や仕草」であって、そこに、本当の「共感の感情」が動いているわけではない。生身の人間の持つ「熱い感情」が動いているわけではない。

そして、この**「共感」や「感情」というものについては、我々人間は、鋭い感覚を持っている。**

例えば、我々は、しばしば、こうした言葉を耳にする。

「あの人、言葉では励ましてくれるんだけれど、
自分のこの苦しさは、本当には分かってくれていないんだな……」

「あの人、申し訳なさそうな表情で、殊勝に謝っているけれど、
本当に申し訳なかったという気持ちが伝わってこないんだな……」

このように、我々は、誰かが「心にもない言葉」を語り「感情と異なる表情」をしたとき、その言葉や表情、仕草の奥にある「心」や「感情」を敏感に感じ取る力を持っている。

従って、今後、ＡＩがどれほど巧みに「共感しているような言葉」を語り、「共感しているような表情や仕草」を示しても、我々人間は、そこに何かの「違和感」を抱き、その言葉や表情や仕草に「共感」を抱くことはないだろう。

そうであるならば、この「共感力」という能力は、他の様々な能力がＡＩによって代替されていっても、決してＡＩには置き換えられない人間だけの能力として、残るだろう。

従って、もし我々が、ＡＩ時代に活躍する人材となることをめざすのであれば、何よりも、決してＡＩに代替されることのない、この「共感力」に基づいた「対人的能力」と「組織的能力」を身につけ、磨いていくべきであろう。

では、我々は、この「共感力」を、いかにして身につければ良いのか。

その話を始める前に、この「共感力」ということを論じるとき、世の中で、しばしば生まれる「**二つの誤解**」について、語っておこう。

相手の共感を得るよりも、まず、相手に深く共感する

一つは、「共感力」とは「相手の共感を引き出す力」であると考えてしまう誤解である。

実際、いま書店に行けば、書棚には『感動を呼ぶ朝礼訓話』や『相手の共感を得る技術』といったタイトルの本が並び、テレビでのスポーツ選手のインタビューでも、「観客に感動を与えられる選手になりたいです」といったコメントが、定型句のように語られる。

そして、職場でも、しばしば耳にするのが、営業マネジャーが部下に発する、「お客様の共感を得られる仕事をしよう」といった言葉である。

もとより、この営業マネジャーは、「お客様に満足して頂ける仕事をしよう」という主旨を述べたいのであり、その心得は全く正しいのだが、無意識に、「お客様から共感を引き出そう」と考えてしまっている。

しかし、**「共感力」という言葉の本当の意味は**、そうではない。「相手の共感を引き出す力」ではない。その全く逆の力のことである。

それは、**「相手に深く共感する力」のこと**である。

例えば、それが営業担当者であれば、顧客が「この問題を何とかして欲しい」と依頼してきたならば、「ああ、この問題で悩まれているのだな。さぞや、困られているのだろう。何とかして差し上げたい」と思う心こそが「共感力」であろう。

また、それがホテルのスタッフであれば、夜遅く長距離ドライブで到着されたお客様に対して、「さぞや、お疲れのことだろう。手早くチェックインを終えて、早くお部屋で休んで頂きたい」と思う心こそが「共感力」であろう。

また、それが、組織やチームのマネジャーやリーダーであるならば、部下やメンバーが壁に突き当たっているとき、「ああ、かつて自分も、こんな壁に突き当たって苦しんだ。彼（彼女）も、いま、苦しいだろう。どう支えてあげれば良いだろうか」と思う心こそが「共感力」である。

従って、我々が、真に「共感力」を身につけたいのであれば、「相手の共感を引き出す」のではなく、「相手に深く共感する」という意味における「共感力」をこそ、身につける必要がある。

では、「共感力」についての、もう一つの誤解とは何か。

「共感」とは、相手の姿が、自分の姿のように思えること

それは、「共感」ということと、「同情」や「憐憫」を混同するという誤解である。

実際、世の中では、しばしば、これらの言葉を混同して使う傾向があるが、この「同情」や「憐憫」は、「共感」とは、全く違う意味の言葉である。

「共感」とは、「相手の姿が、自分の姿のように思えること」である。

それに対して、「同情」や「憐憫」という感情には、相手を「上から見る」眼差しが潜んでおり、そのため、相手と自分との間に「心の距離」が生まれてしまう。

従って、我々は、この「共感力」を身につけていくとき、「同情」でもなく、「憐憫」でもない、文字通り「相手の姿が、自分の姿のように思える」という意味での「心の力」を身につけていく必要がある。

このことは、特に、マネジャーやリーダーとなって部下やメンバーを預かるとき、極めて大切なことである。

先ほど、「共感力」の事例として、マネジャーやリーダーが、部下やメンバーが壁に突き当たっているとき、「ああ、かつて自分も、こんな壁に突き当たって苦しんだ。彼（彼女）も、いま、苦しいだろう。どう支えてあげれば良いだろうか」と思う心の大切さを述べたが、この「かつて自分も、こんな壁に突き当たって苦しんだ」という感覚こそが、

「相手の姿が自分の姿のように思える」ことに他ならない。

そして、もし、**我々が、この意味における「共感力」を身につけることができたならば、それは、最高の「コミュニケーション力」になり、最高の「対人的能力」になっていく。**

なぜなら、人間同士に深いコミュニケーションが生まれるときは、それが家族同士の関係であっても、友人同士の関係であっても、仕事仲間の関係であっても、そこには人間的な「深い共感」が生まれているからである。

では、我々は、この「共感力」を、どのようにして身につけていけば良いのだろうか。

「苦労」の経験が無ければ、本当の「共感力」は身につかない

一つ明確なことは、この「共感力」とは、何冊本を読んでも、決して身につかないもの

であり、やはり、仕事や人生の経験や体験を通じてしか摑めない「体験的智恵」だということである。

もとより、苦境にある人々のことを語った本や共感力について語った本を数多く読めば、「共感力」の大切さを「頭で学ぶ」ことはできる。

しかし、すでに何度も述べたように、「共感」の大切さを頭で学ぶことと、我々が誰かに対して、本当に深く「共感」できるかどうかは、全く別のことである。

では、その本当の「共感力」を身につけるために、何が必要か。

誤解を恐れず述べよう。

それは、「苦労」の経験である。

なぜなら、我々は、自分自身に、それなりの「苦労」の経験が無ければ、何かに苦労し**ている人に対して、本当には「共感」できないからである。**

例えば、仕事人生において、たまたま幸運に恵まれ順調に歩んできたリーダーには、仕事での不運なトラブルで苦しんでいるメンバーの心境は分からないだろう。その気持ちに本当には共感できないだろう。

例えば、若い頃から優秀だと言われ、挫折も知らず、エリート街道を歩んできた人間には、仕事で能力を発揮できず、挫折も体験し、劣等感を抱いて歩んでいる人間の心境は分からないだろう。その気持ちに本当には共感できないだろう。

ただ、著者は、こう述べることをもって、「その相手と全く同じ苦労の経験を持っていないかぎり、本当の共感はできない」ということを主張したいわけではない。

たとえ、**その相手と同じ経験を持っていなくとも、自分自身にも、苦しい思いをしたり、辛い思いをした色々な苦労の経験があるならば、多少なりとも、その相手の気持ちを推察し、想像することができる**だろう。

そして、そうした自身の苦労の経験や体験をもとに、苦労をしている相手の気持ちを推察、想像ができるということが、「共感力」を身につけていくために、極めて大切なことであり、そのようにして身につけた「共感力」は、**「体験的共感力」**とでも呼ぶべき、最も人間的な優れた能力に他ならない。

また、それゆえ、この「体験的共感力」は、ＡＩがどれほど発達しても決して獲得できない能力であり、生身の人間にしか発揮できない能力であることは、繰り返すまでもない。

「若い頃の苦労」は、本当に、買ってでもするべきか

そして、この「体験的共感力」というものが、人生や仕事における様々な苦労を通じて身につけられるものであることを理解するならば、我々が大切にすべき「心構え」がある。

それは、**人生や仕事において与えられる色々な苦労を、厭うことなく、受け入れ、その苦労から学ぶべきことを、深く学び、その体験を積み重ねていくこと**である。

もとより、こう述べると、「そうは言っても……」と抵抗を感じる読者もいるだろう。
正直に述べるならば、著者も、そう感じていた。

昔から語られる一つの言葉がある。

「若い頃の苦労は、買ってでも、せよ」

私自身、この言葉を、若い頃、しばしば耳にした。

しかし、正直に言えば、この言葉を聞くと、内心、疑問を抱き、抵抗を感じていた。
「そうは言っても、人生の苦労は、少ないほど良いのではないか」と思っていた。
だが、それから半世紀以上の歳月を歩み、人生や仕事において様々な苦労を与えられ、色々な苦しさや辛さを経験させてもらった。
そして、いま、振り返るとき、この言葉が、どれほど大切な言葉であるかを痛感する。

なぜなら、自分自身が、人生や仕事において様々な苦労を経験していると、その苦労をしている人の気持ちが分かるからだ。そして、その人の姿が、自分の姿のように思え、深く共感できるからだ。

そして、人間同士の深いコミュニケーションは、その深い共感からこそ生まれてくる。

そうであるならば、我々は、ときおり立ち止まり、自らに、一つの問いを問うべきであろう。

「自分は、これまでの人生と仕事において、いかなる苦労をしてきただろうか」

その問いを胸に、自身の人生と仕事を振り返ってみるべきであろう。

そう述べると、著者自身、若き日のささやかな苦労の思い出が、心に甦ってくる。

工場の現場での「あんたなら分かってくれるだろう」との言葉

それは、著者が大学院を終え、民間企業に入社したときのことである。

新入社員研修が始まる前に、人事部から訊かれた。

「新入社員は、基本的に、皆、地方の工場で半年間の現場研修を受けることになっています。しかし、あなたは、博士課程修了者なので、必ずしも現場研修を受けなくても良いですが、どうしますか？」

この質問に対して、一瞬、迷ったが、やはり色々な経験をしてみようと思い、その半年間の現場研修を受けることにした。

その結果、配属された工場の現場では、作業服を着て、ヘルメットと安全靴を身につけ、徹夜の連続勤務も含め、工場労働の日々を経験した。

それは、決して楽な作業ではなかったが、自分にとっては、非常に意味のある体験になった。

なぜなら、工場の現場において、高校を卒業して入社してきた多くの作業員の方々が、世の中の役に立つ製品を生産するために、どれほど大変な作業に取り組んでいるかを体験し、実感することができたからである。

そんなある日、工場での徹夜勤務の明け方、一人の年配の作業員の方が、私のところにやってきて、こう語りかけてきた。

「あんたは、大卒だから、何か月かしたら、本社に帰るんだろう。だったら、本社に伝えて欲しい。この現場の環境は、辛いんだ。見てくれ、この目を。毎日、硫酸ガスでやられて真っ赤だ。医者に行っても、もう慢性になってしまって治らんのだ。この現場環境を何とかしてくれ。あんたなら、分かってくれるだろう……」

このときの、この年配の作業員の方の表情は、いまも忘れない。

それが、どれほどの改善につながったかは分からないが、この徹夜明けの朝、寮に帰って、何時間もかけて、本社へのレポートを書いたことを憶えている。実は、私自身も、その硫酸ガスに目をやられ、咳が止まらず苦労していたので、なおさら、この訴えの重さが分かったからである。

もとより、工場の現場での、この苦労と共感の体験は、ささやかなものにすぎないが、それでも、こうした現場体験が、後に本社に戻ってからも、現場の作業員の方々と一緒に仕事をするとき、大きな財産になった。多少なりとも、現場の作業員の方々と共感的なコミュニケーションができたからである。

いずれにしても、我々が、優れた「コミュニケーション力」を身につけたいと思うならば、やはり、若い頃の「苦労」は買ってでもすることであろう。そして、その「苦労」を通じて、相手に対する深い「共感力」を身につけていくことであろう。

その**「体験的共感力」があれば、我々は、必ず、優れた「コミュニケーション力」を身につけ、優れた「対人的能力」を身につけていくことができる**だろう。

部下が陰で語っている「苦労知らず」と「苦労人」という二つの言葉

しかし、我々が人生と仕事の苦労を通じて身につけた「共感力」は、我々の「対人的能力」を高めるだけではない。次の第五話で述べる「組織的能力」を高めていくためにも、大きな財産になる。我々が、優れたリーダーになっていくための、大切な財産になる。

なぜなら、世の中では、職場の片隅で、部下やメンバーがマネジャーやリーダーについて語る、批判の言葉があるからである。

「苦労知らず」

この言葉は、厳しい言葉である。

もし、我々が、所属する組織やチームにおいてマネジャーやリーダーになったとき、部下やメンバーから、陰でこう語られていたならば、それは寂しい姿であろう。

「あの人は、苦労知らずだから、部下の苦労が分からないんだ……」

そして、マネジャーやリーダーに指名されたにもかかわらず、部下やメンバーの心が離れていくとき、多くの場合、こうした言葉で批判されていることも、残念な事実である。

しかし、その逆もまた、真実である。

職場において部下やメンバーから人望のあるマネジャーやリーダーは、しばしば、こんな言葉で語られている。

「あの人は、我々の気持ちを分かってくれる。あの人は、苦労人だからね……」

このように、**我々が、これまでの人生や仕事で、どのような苦労を積んできたかは、部下やメンバーからは、分かってしまう。**しかし、もし、我々が、それなりの苦労を積んできたならば、それは、そのまま、部下やメンバーに対する「共感力」となり、我々の「コミュニケーション力」だけでなく、「リーダーシップ力」も大きく高めていく。

なぜなら、いずれ、**どのような組織でも、どのようなチームでも、「共感力」の無いリーダーに、人はついてきてくれない**からである。

従って、もし我々が、組織やチームにおいてマネジャーやリーダーとなり、「マネジメント力」や「リーダーシップ力」を発揮しなければならない立場に置かれたならば、二つのことを自らに問うべきであろう。

第一　自分は、これまで、人生や仕事において、どのような「苦労」を経験してきたか。

第二　その経験から、他の人々が背負う苦労への「共感」を、どれほど持っているか。

そして、この二つの問いは、これからのＡＩ時代に、ますます重要になる問いでもある。

なぜなら、言うまでもないことだが、こうした「体験的共感力」と、それに基づく「対人的能力」や「組織的能力」は、どれほど優れたＡＩにも決して発揮できない能力であり、**喜びも悲しみも味わう「生身の人間」にしか発揮できない能力**だからである。

優れたリーダーは
苦労こそ「成長の好機」であることを知っている

しかし、こうして「苦労の経験」の大切さを述べると、それでも、読者の中には、こう思う人がいるかもしれない。

「苦労をせよ、ということの意味は分かるが、
やはり、誰といえども、苦労はしたくないのではないか……」

たしかに、誰といえども、心の中に「苦労はしたくない」という思いは持っている。
それは、読者だけではない。著者も同じである。

しかし、もし我々が、組織やチームのマネジャーやリーダーとなったならば、この「苦労」というものについて、深く問われる「大切な問い」がある。

自分は、「人生における苦労」というものを、どう見ているか。

その問いである。

では、なぜ、この問いが大切か。

なぜなら、もし我々が、「人生における苦労は少ないほど良い」「いかに苦労の少ない人生を歩むか」と思っているならば、我々は、組織やチームにおいてマネジャーやリーダーになったとき、部下やメンバーを励ましながら歩んでいくことはできないからである。

それが仕事であるかぎり、目標への挑戦は当然のことであり、そのため、我々がマネジャーやリーダーとして預かる組織やチームは、必ず、様々な苦労や困難に直面する。

そのとき、我々が、部下やメンバーに、いくら言葉で「頑張ろう」と言っても、我々自身が、「苦労」というものを否定的に見ているかぎり、言葉に出さずとも、その思いは、部下やメンバーに、そのまま伝わってしまう。

そして、部下やメンバーもまた、心の中で、「なぜ、こんな苦労をしなければならないんだ……」と否定的な受け止め方をしてしまう。

だからこそ、**我々マネジャーやリーダーには、「苦労というものを、どう見ているか」という思想が問われる。**

では、我々は、人生や仕事の苦労というものに対して、どのような思想を持つべきか。

それは、明確である。

「苦労の中でこそ、我々は、成長していける」

その思想を持つべきであろう。
たしかに、誰といえども、人生や仕事における苦労や困難を喜んで経験したいとは思わない。著者も、そうである。しかし、永い歳月を歩んで、人生を振り返るとき、一つの真実に気がつく。

「あの苦労や困難が、自分を成長させてくれた」

その真実に気がつく。
だとすれば、我々は、「人生における苦労は少ないほど良い」「いかに苦労の少ない人生を歩むか」という安直な人生観を持つべきではない。
では、我々は、いかなる人生観を持つべきか。

「人生や仕事において我々に与えられる苦労や困難は、
自分という人間を成長させるために与えられたものであり、
その苦労や困難には、すべて、深い意味がある。
それゆえ、その意味を考えて歩むとき、我々は、大きく成長できる」

その人生観をこそ、持つべきであろう。

そして、それこそが、優れた経営者やマネジャー、リーダーが持つべき人生観である。

真のリーダーが抱くべき「究極の逆境観」とは何か

読者の中には、すでに所属する組織やチームにおいて、マネジャーやリーダーに任ぜられている人がいるだろう。そして、どのような組織やチームも、色々な苦労や困難に直面しながらも、マネジャーやリーダーを中心に、メンバー全員が力を合わせ、心を一つにして、それを乗り越え、歩んでいくことが求められる。

そのとき、読者が、一人のマネジャーやリーダーとして、部下やメンバーに対し、信念を持って次の言葉を語れるならば、きっと、その職場は、素晴らしい職場になっていくだろう。

「最善を尽くして、それでもなお与えられたこの苦労は、
我々の成長のために与えられたものだ。

この苦労を乗り越えることを通じて、我々は成長できる。
そして、その成長を通じて、我々は、素晴らしい仕事を成し遂げることができる。

そうであるならば、いま与えられている、この苦労、
この苦労を乗り越えることによって、互いに大きく成長していこう。

そして、世の中のためになる、素晴らしい仕事を成し遂げていこう」

我々が、マネジャーやリーダーとして、深い信念を持ち、そう語れるならば、我々が預かる組織やチームは、想像を超えた、素晴らしい力を発揮していくだろう。

すなわち、経営者やマネジャー、リーダーに求められるのは、究極、その「逆境観」である。

人生や仕事における、苦労や困難、失敗や敗北、挫折や喪失といった「逆境」を、どう受け止めるか。どう解釈するか。その「逆境観」である。

そして、その「逆境観」の根本にあるべきは、一つの覚悟である。

「人生において与えられる、すべての逆境には、深い意味がある」

その覚悟である。

そして、その覚悟を定めて歩むとき、我々は、いつか、共に歩むメンバーから、こう思われるようになっていくだろう。

「あのリーダーと話していると、辛いとき、苦しいとき、励まされる」

「あのリーダーと一緒に仕事をしていると、人間として、成長できる」

それは、我々が、素晴らしい「対人的能力」を身につけた時代でもあるが、さらに、素晴らしい「組織的能力」を身につけていく時代でもある。

次に、そのことを話そう。

第五話　ＡＩ時代に求められる「組織的能力」とは何か

「管理のマネジメント力」ではなく「心のマネジメント力」と「成長のリーダーシップ力」を身につける

マネジメント業務の大半も、ＡＩが行うようになる

我々が、第四話で述べた「対人的能力」、すなわち、高度な「コミュニケーション力」と「ホスピタリティ力」を身につけ、磨いていくと、次に、さらに重要な、もう一つの能力を身につけることが課題となる。

それが、「**組織的能力**」である。

この能力については、すでに第四話の最後に少し触れたが、この「組織的能力」とは、一つの組織やチームを、リーダーとして率い、マネジメントしていく能力であり、それは、基本的に、「**マネジメント力**」**と**「**リーダーシップ力**」**という二つの力**によって支えられている。

では、この「マネジメント力」と「リーダーシップ力」は、これからのAI時代に、どう変わっていくのか。

そのとき、我々は、新たに、どのような能力を身につけ、磨いていかなければならないのか。

この第五話では、前半で「マネジメント力」について、後半で「リーダーシップ力」について、それぞれ述べていこう。

では、最初に、**「マネジメント力」は、これから、どう変わっていくのか。**

すでに述べたが、「マネジメント」の仕事については、AI時代になっても人間に残される重要な仕事であると、世界中の多くの専門家が指摘している。

例えば、第一話で述べたように、世界のトップリーダーが集まるダボス会議においても、今後もAIに置き換わらない人間だけの仕事として、「クリエイティビティ」「ホスピタリティ」「マネジメント」という三つの能力が求められる仕事を挙げている。

しかし、実は、この**「マネジメント」の仕事についても、今後、ＡＩが、その多くを代替していく。**

なぜなら、昔から「マネジメント」という言葉は、日本語で「**経営管理**」と訳されてきたように、その多くが「**管理業務**」だからである。

「管理業務」とは、俗に「ヒト、モノ、カネ」と言われるものを管理する、「人事管理」「資材管理」「予算管理」などの仕事であり、さらに、仕事の時間を管理する「工程管理」やプロジェクトの全体を管理する「プロジェクト管理」などの仕事が挙げられる。

たしかに、これまでの時代、マネジメントにおいて、これらの「管理業務」は極めて重要な仕事であったが、これからの時代、その大半はＡＩが担うことになっていく。

いや、すでに、その多くの仕事がＡＩに置き換わりつつある。

まず、「資材管理」や「予算管理」、「工程管理」や「プロジェクト管理」などは、最適な在庫量、最小のコスト、最大の利益、最短の工程、最適の手順などを、論理的に、かつ瞬時に判断できるという点で、ＡＩが最も得意とする分野であり、すでに、ＡＩの導入は様々な形で進んでいる。

また、最適な人材配置などを判断する「人事管理」の仕事も、ＡＩが得意な分野であるが、さらに、現在では、社員のモチベーションなどを評価する高度な人事管理の仕事さえ、ＡＩが代替し始めている。

例えば、多くの社員を抱えるある企業では、一人一人の社員の性格診断や勤務状況、上司や部下、同僚からの評価、仕事の成果などの情報をＡＩが分析し、それぞれの社員が退職を申し出てくる可能性を評価し、適切な対策に結びつけている。

では、このように、**マネジメントにおける「管理業務」の大半が、ＡＩに置き換わっていく時代**に、人間だけにできるマネジメントの仕事とは何か。ＡＩにはできない、高度なマネジメントの仕事とは何か。

人間だけにしかできない「究極のマネジメント」とは

それは、**「心のマネジメント」**である。

では、「心のマネジメント」とは、いかなるマネジメントか。
それは、まず、次の二つのことを行うマネジメントである。

第一「共感協働のマネジメント」
部下やメンバーが、自発性や創造力、協調性や共感力を遺憾なく発揮し、互いに協力し合って優れた仕事を成し遂げられるようにすること

第二「働き甲斐のマネジメント」
部下やメンバーが、仕事に意味と意義を見出し、働き甲斐や生き甲斐を感じら

れるようにすること

こうしたことを行う**「心のマネジメント」こそが**、情報革命が進み、AIが普及してい**く二一世紀の高度知識社会において、マネジャーやリーダーにとっての最も高度で重要な仕事になっていく**だろう。

なぜなら、それは、これからAIがどれほど発達しても、決して代替できない仕事であり、人間だけにできる仕事だからである。

では、我々は、その「心のマネジメント」を行うために、いかなる力を身につけていくべきか。

しかし、そのことを考えるためには、一つ、大切なことを理解する必要がある。

それは、これからの**高度知識社会においては、「マネジメント」**というものの**根本的なパラダイム転換が求められる**ということである。

では、そのパラダイム転換とは何か。

「心のマネジメント」とは「心を管理するマネジメント」ではない

それは、古い「操作的マネジメント」から、新たな「創発的マネジメント」へのパラダイム転換である。

ここで、「操作的マネジメント」とは、部下やメンバーを「操作する」対象として見るマネジメントであり、企業の経営目的のために、彼らを、いかにして効率的に働かせ、生産性を上げるかという発想に基づいたマネジメントのスタイルである。

これは、工業社会において主流であった「軍隊型組織」を模したマネジメントのスタイルであり、「管理型マネジメント」と呼ばれることもある。

一方、「創発的マネジメント」とは、部下やメンバーを「操作しよう」とせず、彼らの自主性を大切にし、その自発的行動を支援することによって、結果として、そこに新たな技術や商品、サービスやビジネスが、自己組織的なプロセスで「創発的」に生まれてくることを促すマネジメントのスタイルである。

これは、これからの高度知識社会において主流となっていくマネジメントのスタイルであり、情報革命によって企業や組織が、その複雑性を増し、「複雑系」(complex system)と呼ばれるものになっていくと、「創発」や「自己組織化」が起こることから、「複雑系のマネジメント」と呼ばれることもある。

そして、「心のマネジメント」とは、部下やメンバーを企業の目的に沿って操作しようとする「操作的マネジメント」のパラダイムではなく、部下やメンバーの自主性と自発性を重視する「創発的マネジメント」のパラダイムであり、これからの高度知識社会において極めて重要になるマネジメントである。

すなわち、「心のマネジメント」とは、部下やメンバーの「心」を、マネジャーやリーダーの都合の良い方向に変えていこうとするマネジメントではなく、部下やメンバーの視点に立ち、その「心」が、自然に、互いの共感力を高めたり、仕事に働き甲斐を感じたりできるように支援するマネジメントである。

先ほど、「心のマネジメント」とは、
「部下やメンバーが、自発性や創造力、協調性や共感力を遺憾なく発揮し、互いに協力し合って優れた仕事を成し遂げられるようにすること」（共感協働のマネジメント）
そして、
「部下やメンバーが仕事に意味と意義を見出し、働き甲斐や生き甲斐を感じられるようにすること」（働き甲斐のマネジメント）
であると述べたが、それは、あくまでも、上から「操作」するのではなく、自然に、「創発」的に、そうした状態が生まれてくるようにするマネジメントである。
では、そのために、我々マネジャーやリーダーは、具体的に何をするべきか。

マネジャーやリーダーの心の姿勢が、「成長の場」を生み出す

そのためには、まず、我々マネジャーやリーダー自身が、その職場において、自発性と創造力、協調性と共感力を発揮していくことである。そして、我々自身が、仕事に意味や意義を見出し、働き甲斐や生き甲斐を感じることである。

こう述べると、「操作的マネジメント」の手法に慣れている読者は、少し拍子抜けされるかもしれないが、**「創発的マネジメント」とは、あれこれの「操作的技術」（テクニック）によって部下やメンバーの「心の状態」を変えようとするものではなく、部下やメンバーの「心の状態」が良き方向に変わっていく「場」を生み出すマネジメントである。**

すなわち、もし、我々マネジャーやリーダー自身が、自発性と創造力、協調性と共感力を発揮し、我々自身が、仕事に意味や意義を見出し、働き甲斐や生き甲斐を感じているならば、自然に、その職場には「自発的で創造的な場」や「協調的で共感的な場」が生まれ、また、「働き甲斐や生き甲斐の場」が生まれてくる。

そして、その「場」の中で、部下やメンバーもまた、自発性と創造力、協調性と共感力を発揮し、仕事に意味や意義を見出し、働き甲斐や生き甲斐を感じるようになっていく。

昔から「部下の姿は、上司の心の鏡」や「職場の空気は、リーダーの心の鏡」といった言葉が語られるが、「心のマネジメント」とは、ある意味で、この言葉を実践する極めて高度で成熟したマネジメントでもある。

そして、それゆえ、この「心のマネジメント」には、

第一　「共感協働のマネジメント」

部下やメンバーが、自発性や創造力、協調性や共感力を遺憾なく発揮し、互いに協力し合って優れた仕事を成し遂げられるようにすること

第二　「働き甲斐のマネジメント」

部下やメンバーが、仕事に意味と意義を見出し、働き甲斐や生き甲斐を感じられるようにすること

の二つに加え、もう一つ大切な役割がある。

すべてのマネジャーが「カウンセラー」になる時代が来る

それは、

第三「成長支援のマネジメント」

部下やメンバーの不満や不安、迷いや悩みに真摯に耳を傾け、その不満や不安、迷いや悩みを契機として、部下やメンバーが人間的に成長していくことを支えること

という第三の役割である。

それは、ある意味で、**部下やメンバーに対する「カウンセリング」と呼ぶべき仕事でもあり、ときに、「コーチング」と呼ぶべき仕事でもある。**

もとより、この「カウンセリング」や「コーチング」は、現在、それぞれ、その専門の職業が存在しているが、**これからの時代には、一つの組織やチームを預かるマネジャーやリーダーには、それを外部の専門職に任せるだけでなく、自分自身が、その二つの力を身につけることが求められるようになっていく。**

本書では、紙数の制約もあり、この「カウンセリング」や「コーチング」の技法について詳しく触れる余裕はないが、ここでは、最も高度で、最も重要な「カウンセリング」の技法について紹介しておこう。

これは、言葉にすれば素朴な技法であり、すぐに取り組める技法であるが、それを本当に実践することは容易ではない。しかし、もし読者が、一人の**マネジャーやリーダーとして、この技法を身につけ、現場で実践するならば、部下やメンバーの心に、しばしば、不思議なほどの良い変化が起こる**だろう。

もし、この技法を実践し、何かの手応えを感じ、「カウンセリング」に興味を持たれた読者は、すでに世の中には、数多くの関連書籍が出ているので、それらを参照して頂きたい。そして、この「カウンセリング」を入口として、「コーチング」の技法にも、興味を広げて頂きたい。なぜなら、**現在は、別種の技法とされている「カウンセリング」と「コーチング」であるが、この二つの技法は、「心のマネジメント」という意味で、これから、互いに深化しながら、融合していく**からである。

この「カウンセリング」の技法には、色々なものがあるが、著者が、永くマネジメントの道を歩む中で、極めて参考になったのが、河合隼雄氏のカウンセリング論であった。

特に、その中でも、「心のマネジメント」という意味で、非常に役に立ったのが、「**聞き届け**」という技法である。

ただ「聞く」のではなく「聞き届ける」と不思議なことが起こる

近年、職場での鬱病などの問題が深刻化しており、また、職場のメンバーの中で、パワハラなど、様々な人間関係の問題で悩む人が増えている。

こうした状況において、人事部などからの要請もあり、マネジャーやリーダーには、部下やメンバーと定期的に面接することが求められるが、この「聞き届け」とは、こうした面接などにおいて大切な技法である。

では、それは、どのような技法か。

一言で述べるならば、「聞き届け」とは、単に表面的に相手の話を「聞く」のではなく、**相手が語る話を、深い共感の心を持って、**自身の心の奥底まで届くような思いで「聴く」**という技法**である。

そして、このとき、心に置くべきは、「**その人にとっての真実**」という言葉である。

なぜなら、**面接などにおいて、我々が部下やメンバーの話を聞くとき、多くの場合、相手の話を、自分の価値観で判断しながら聞いてしまうから**である。「自分にとっての真実」で判断しながら、ときに相手を裁きながら聞いてしまうからである。

例えば、一人の部下が、あるマネジャーの所にきて、退職の意志を伝えるとともに、こう言ったとする。

「職場の田中先輩は、鬼のような人です。

後輩など仕事の道具だとしか思っていないんです。

もうこんな地獄のような職場にはいたくないです」

このとき、このマネジャーは、表面的には、その部下の言い分を黙って聞くが、しばしば、心の中では、こう思いながら聞いている。

「いや、それは思い込みではないかな……。

田中君は、それほど酷い人物ではないよ……」

「この職場が地獄のような職場だというのは、少し被害妄想ではないかな……。

自分は、多少の問題はあっても、良い職場だと思うが……」

このマネジャーの考えは、社会常識的に見て、それほど間違った考えではないが、カウンセリング的な視点から見ると、必ずしも正しいとは言えない。

なぜなら、この思考を抱きながら、この部下の話を聞いているかぎり、それは、「聞いている」だけであり、「聞き届け」になっていないからである。

もし、我々が、本当に部下やメンバーの声に耳を傾け、「聞き届け」をしたいならば、この「その人にとっての真実」という言葉が、重要な意味を持つ。

すなわち、この部下が、「田中先輩は鬼です」「この職場は地獄です」と言っているのは、いま、彼にとっては、田中先輩が鬼のように思え、職場が地獄のように思えてならないのであり、それが彼にとっての「真実」なのである。

そうであるならば、この瞬間に、マネジャーやリーダーは、心の中で彼の言葉を「それは思い込みではないか、被害妄想ではないか」と批判的に判断しながら「聞く」のではなく、「そうか、君にとって田中先輩は鬼のように思えてならないか……。職場は地獄のように思えてならないか……。それは辛いだろう……」という共感の心を持って、まずは、しっかりと「聞き届ける」べきであろう。

ただし、この「聞き届け」ということは、決して、その部下の言い分を「そのまま鵜呑みにする」ということではない。また、その言い分に従って、何かの判断を下すという意味でもない。

この「聞き届け」ということの最も大切な点は、部下やメンバーの主張や言い分が、どのようなものであろうとも、一度、その主張や言い分を「その人にとっての真実」という視点から受け止め、そうした思いに苦しんでいる部下やメンバーの姿に、一人の人間として「共感」することである。

すでに述べたように、この「聞き届け」の技法は、このように言葉で語ることは易しいが、それを実践することは、決して容易ではない。

しかし、もし我々が、深い共感の心を持って、部下やメンバーの言葉に耳を傾けるならば、しばしば、不思議なほど、彼らの心に、何かの良き変化が起こる。そして、彼らは、ときに、我々の想像を超えた心の成長を遂げていく。

著者は、拙い歩みではあるが、マネジャーやリーダーとしての歩みの中で、そのことを経験してきた。そして、大切なことを教えられてきた。

このように、我々マネジャーやリーダーが、「心のマネジメント」の第三の役割、すなわち「成長支援のマネジメント」の役割を果たすためには、「聞き届け」を始めとする「カウンセリング」の技法を身につけていく必要がある。そして、できることならば、同時に、「コーチング」の技法を身につけていくことが望ましい。なぜなら、すでに述べたように、これから、「カウンセリング」の技法と「コーチング」の技法は、その成熟に伴って、互いに融合していくからである。

AI時代に、人間だけが担える「三つのマネジメント」

以上、これからのAI時代には、人間だけが担える高度なマネジメントとして「心のマネジメント」が重要になることを述べ、その「三つの役割」を述べてきた。

第一　共感協働のマネジメント

第二　働き甲斐のマネジメント
第三　成長支援のマネジメント

この「心のマネジメント」は、マネジャーやリーダーの姿を通じて、共感協働や働き甲斐の「場」を創るという方法や、部下やメンバーの心の成長を支援するために「聞き届け」をするという方法に象徴されるように、何かの「即効薬的」な効果をめざすものではない。むしろ、それは、**「操作的マネジメント」が指向する「即効薬的」な対処の仕方が、多くの場合、悪しき副作用があることを熟知したマネジメントのスタイル**でもある。

本書においては、この三つの役割の中でも、最も実践が難しい「成長支援のマネジメント」を取り上げ、特に「カウンセリング」の技法を紹介し、その中で最も高度な「聞き届け」の技法について述べた。

その理由は、**部下やメンバーが仕事において「成長の壁」に突き当たるときは、ほとんどの場合、「仕事のスキルが身につかない」といった「技術の問題」ではなく、自信の喪失や人間関係での葛藤など、「心の問題」が原因になっている**からである。

そのため、**部下やメンバーの「職業人としての成長」を支えたいと思うならば、多くの場合、我々マネジャーやリーダーは、その部下やメンバーの「人間としての成長」を支えることから始めなければならない。**

紙数の制約のため、本書において、その「成長支援」の技法について詳しく述べることはできないが、このテーマに興味のある読者は、拙著『成長の技法』（ＰＨＰ文庫）を参照して頂きたい。この著書では、職場においてメンバーの成長を止める「七つの壁」と、それを乗り越えるための「七つの技法」を語っている。

さて、ここまで読まれた読者は、この「心のマネジメント」が、いかに高度で成熟したマネジメントであるか、そして、これからの高度知識社会において重要なマネジメントであるか、理解されただろう。

もう一度述べておくが、これから、どれほどＡＩが発達しようとも、どれほど職場に普及しようとも、この「心のマネジメント」は、生身の心を持った人間だけができる、そして人間に残された「究極のマネジメント」になっていく。

それゆえ、この「心のマネジメント」を行える力を身につけたならば、我々は、これからのＡＩ時代においても、ますます活躍する人材になっていけるだろう。

「人心掌握」や「統率力」という言葉は、死語になる

では、次に、「リーダーシップ力」は、これから、どう変わっていくのか。

そして、その「リーダーシップ力」を、どのようにして身につけていけば良いのか。

そのことを知るためには、やはり、最初に、我々が理解しなければならないことがある。

それは、「マネジメント」というものと同様、この「リーダーシップ」というものも、**これからの時代、「操作的パラダイム」から「創発的パラダイム」へのパラダイム転換を遂げ、極めて成熟した高度なものになっていくということである。**

いま、二〇世紀を振り返ってみよう。

二〇世紀の工業社会においては、先ほど述べたように、企業などの組織は、軍隊型組織を模倣することから生まれてきた。

それは、**中央集権型で階層型の組織**であり、その組織の中で、上司と部下の指揮系統は明確であり、組織の目標を達成するために、与えられた権限によって部下を動かすことのできるリーダーが、優れたリーダーであると考えられてきた。

そのため、二〇世紀の企業組織においては、リーダーの優れた能力を表現する言葉として、「人心掌握力」や「統率力」といった軍隊組織的な言葉が使われてきた。

しかし、こうした「リーダーシップ」のパラダイムは、二一世紀において、もはや古いものになっている。

二一世紀の高度知識社会においては、むしろ、**現場分権型で水平型の組織**が基本となり、その組織の中では、上司は部下を支援する立場にあり、**リーダーの役割は、与えられた権限によって部下を動かすことではなく、メンバーの自発性や創造力、協調性や共感力を育むことによって、組織の目標を達成していくこと**になっていく。

それゆえ、この新たな時代のリーダーシップは、決して「人心掌握力」や「統率力」といった能力によって生まれてくるのではない。

二一世紀の高度知識社会の企業や組織における「リーダーシップ」は、端的に言えば、部下やメンバーが一人の人物に対して、こう思うとき生まれてくるものである。

「この人と一緒に仕事をしたい」
「この人と共に何かを成し遂げたい」
「この人と共に成長していきたい」

「リーダー」は会社が選ぶものではなく、部下が選ぶもの

それゆえ、我々が、経営陣から、一つの組織やチームのリーダーに任命されただけで、

そこに「リーダーシップ」が生まれてくるわけではない。

上から与えられた権限で、部下やメンバーに指示や命令を出すだけで、「リーダーシップ」が発揮できるわけではない。

その意味で、いま、世の中の職場を見渡すと、「**リーダーシップが発揮できないリーダー**」が多いことも、残念な事実である。

例えば、しばしば、世の中の職場で目にするのが、「**陰のリーダー現象**」である。

会社から、あるチームのリーダーに田中さんが任命されている。従って、このチームでリーダーシップを発揮するのは、本来、田中さんの役割なのだが、チームメンバーは、あまり田中さんの判断を信頼しておらず、「この人の指示に従って、仕事を進めていこう」という気にならない。

そのため、チームのメンバーの多くが、重要な問題で困ったとき、リーダーである田中さんに相談するのではなく、代わりに、皆から人望もあり、信頼されているサブリーダーの鈴木さんに相談に行く。

これは、リーダーシップが発揮できない田中さんの代わりに、鈴木さんが「陰のリーダー」になっているという状況である。

実は、こうした**「陰のリーダー現象」は、古い体質の企業の職場では決して珍しくない**ものである。かつての工業社会においては、会社からマネジャーやリーダーに「任命」され、部下やメンバーを動かす「権限」を与えられれば、それなりにリーダーシップを発揮して、仕事を進めることができた。しかし、**現在の高度知識社会では、リーダーシップというものが、極めて高度な能力が求められるものになっているため、**こうした現象が生まれているのである。

たしかに、部下やメンバーから、「この人と一緒に仕事をしたい」「この人と共に何かを成し遂げたい」「この人と共に成長していきたい」と思ってもらえる能力は、極めて高度な能力であるが、それゆえにこそ、そうした能力は、どれほど技術が発達しても、ＡＩでは決して代替しえない人間だけが発揮できる能力でもある。

では、そうした能力は、どのようにすれば身につくのだろうか。

そのためには、我々に、「三つの力」が求められる。

メンバーの心が躍るような「ビジョンと志」を語れるか

では、**第一の力**は何か。

信念を持って魅力的な「ビジョン」と「志」を語る力である。

まず、組織やチームのリーダーとして、メンバーの力を合わせて、いかなる仕事を成し遂げ、いかなる変革をもたらすかを、魅力的に語る力、それが「**ビジョン**」を語る力である。そして、その仕事と変革を通じて、世の中にいかなる貢献をするかを、信念を持って語る力、それが「**志**」を語る力である。

ここで、「変革」とは、ある意味で「イノベーション」(革新)のことでもあるが、例えば、我々が民間企業で働く場合、世の中に提供する技術や商品、サービスやビジネスを、どのように良きものに変えていくかということであり、さらには、そのことを通じて、市場や産業、地域や社会を、どのように良きものに変えていくかということである。

そして、人は誰もが、心の中に、「世の中に貢献したい」という思いを抱いている。

それゆえ、**リーダーが、この「ビジョンと志」を魅力的に語るとき、メンバーの心の中には、自然に、「この人と共に何かを成し遂げたい」という思いが生まれてくる**だろう。

例えば、いま全世界に影響を与えているグーグルという企業を創業したラリー・ペイジとセルゲイ・ブリンは、大学院で研究をしている時代、「この検索エンジンを使って、世界中の情報を、誰にでも使えるようにしよう」というビジョンを語り合った。そして、その奥には、「この技術が、必ず、世界を良きものに変える」という志があった。

現在、世界的な巨大企業となったグーグルであるが、この企業に、多くの優れた技術者が集まり、絶え間ない技術革新を進めている背景には、この魅力的なビジョンと強い信念に支えられた志があったことを、我々は忘れるべきではない。

ちなみに、著者が若き日に研究者として勤めた米国のバテル記念研究所では、その研究所のロビーに、「For the Betterment of Human Society」（人類社会をより良きものにするために）という標語が掲げられていた。

また、著者がGlobal Agenda Councilのメンバーを務めた世界経済フォーラムは、毎年一月にスイスのリゾート地で開催するダボス会議において、「Improving the State of the World」（世界の現状を改善するために）という標語を掲げている。

いずれにしても、我々が、二一世紀の新たなリーダーシップを身につけたいと思うならば、まず、「ビジョン」を語る力と「志」を語る力という二つの力を身につけなければならない。

自分の職場に、目に見えない「成長の場」を生み出せるか

次に、**第二の力**は何か。

誰よりも強く「成長への意欲」を持つ力である。

では、なぜ、この力が大切か。

なぜなら、どのような魅力的なビジョンも、どのような高い志も、ただ、それを描き、抱いているだけで、素晴らしい仕事を成し遂げられるわけではないからである。

その仕事を成し遂げるためには、我々リーダー自身を含め、組織やチームのメンバー一人一人が、職業人として、人間として、大きく成長していかなければならない。

では、どうすれば、そのメンバーの成長を支えられるのか。

そのためには、実は、色々な教育法や指導法を考えること以上に、大切なことがある。

それは何か。

我々が、リーダーとして、メンバーの誰よりも強い「成長への意欲」を持つことである。

もし**我々が、誰よりも強く成長を願い、誰よりも懸命に成長への努力を続けていくならば、必ず、そこには「成長の場」と呼ぶべきものが生まれてくる。**

そして、その「場」の中で、周りのメンバーもまた、影響を受け、自ずと「成長への意欲」を抱き、そこには、素晴らしい「成長し続ける人間集団」が生まれてくるだろう。

ちなみに、第三話で述べた「**直後の反省対話**」の**技法**、すなわち、会議や会合、商談や交渉の後で、リーダーを中心にメンバーが集まり、その場の振り返りと反省を行い、メンバー自ら、自身の成長の課題を明確にしていくという技法は、**自然に、メンバーの中の「成長への意欲」を高めていく技法**でもある。

本来、**「成長への意欲」とは、上から指示されて抱くものではない。それは、メンバーがリーダーの後姿や横顔を見て、自然に学んでいくものである。**

それにもかかわらず、自身の成長を棚に上げて、「部下が成長しない」と嘆くマネジャーやリーダーがいることも、残念な事実である。

まずは、リーダー自身が、誰よりも強く「成長への意欲」を抱き、日々の仕事を通じて成長していくことである。そのとき、そこには、自ずと「成長の場」が生まれ、周りのメンバーも、自然に、成長への歩みを始めるだろう。そして、そのリーダーに対して、「この人と共に成長していきたい」という思いを抱くようになるだろう。

部下やメンバーの「可能性」を、心の底から信じているか

では、**第三の力**は何か。

メンバーの持つ「可能性」を深く信じる力である。

では、なぜ、それが大切か。

なぜなら、我々の語るビジョンや志が素晴らしいものであればあるほど、その仕事を成し遂げることは、容易ではないからである。そこには、多くの困難や障害が横たわっているだろう。

そうであるならば、**我々は、リーダーとして、誰よりも、「必ず、我々のチームは、この仕事を成し遂げられる」という強い信念を持っていなければならない。我々がリーダーとして預かるチームの可能性を深く信じる力を持っていなければならない。**

そして、それは、一人一人のメンバーに対しても、同じである。

一人一人のメンバーが、いかなる成長の壁に突き当たっても、そのメンバーの「人間としての可能性」を信じ、彼もしくは彼女が、必ず、その壁を越えて成長していけると信じる力を持っていなければならない。

そして、我々が、一人一人のメンバーの可能性を信じるならば、我々は、一人一人のメンバーに対する敬意を、決して失ってはならない。

いま、世の中には、『相手を思い通りに動かす』『相手を意のままに操る』といった書名の本が溢れ、「操作主義」の心理的テクニックを語る本が目につくが、**二一世紀のリーダーは、決して、そうした「操作主義」に染まるべきではない。それが部下であっても、目の前の人間に対して、敬意を持って処するという姿勢を、決して失うべきではない。**

もし、我々が、「操作主義」に染まり、「操作主義」の心理的テクニックを使うリーダーになるならば、短期的には、我々の願うように部下やメンバーが動くかもしれない。しかし、早晩、必ず、その部下やメンバーは、我々の心の中の「操作主義」を感じ取り、彼らの心は、我々から離れていってしまうだろう。

逆に、もし、リーダーが、チームの持つ可能性を、そして、一人一人のメンバーの持つ可能性を、誰よりも深く信じるならば、メンバーの心の中には、自然に、「この人と一緒に仕事をしたい」という思いが生まれてくるだろう。

なぜなら、**人は、高い経済的報酬や社会的地位だけに惹かれて集まってくるわけではないからだ。人は、誰もが、自分の中に眠る可能性を信じ、誰もが、それを開花させる人生を歩みたいと思っている。**

それゆえ、その可能性を心の深くから信じてくれるリーダーと出会ったとき、自然に「この人と一緒に仕事をしたい。そして、成長したい。その成長を通じて、素晴らしい仕事を為し遂げたい」という思いが心に湧き上がってくるのであろう。

AI時代の新たなマネジャー像とリーダー像をめざして

最後に、もう一度、まとめておこう。

これからの高度知識社会においては、「マネジメント」と「リーダーシップ」のパラダイムが大きく変わる。それゆえ、もし我々が、これからの時代に、「組織的能力」を身につけ、磨いていきたいのであれば、この新たな「マネジメント」と「リーダーシップ」の力を身につけていく必要がある。

新たな「マネジメント」とは、「**心のマネジメント**」と呼ぶべきものであり、

第一　「共感協働のマネジメント」
部下やメンバーの共感と協働を促し、良き仕事を為し遂げていく
第二　「働き甲斐のマネジメント」
部下やメンバーが働き甲斐や生き甲斐を感じられるように支援する
第三　「成長支援のマネジメント」
部下やメンバーの心の課題に共に向き合い、心の成長を支援する

という「三つの役割」を担うものである。

新たな「リーダーシップ」とは、「成長のリーダーシップ」と呼ぶべきものであり、

第一　信念を持って魅力的な「ビジョン」と「志」を語る力
第二　誰よりも強く「成長への意欲」を持つ力
第三　メンバーの持つ「可能性」を深く信じる力

という「三つの力」によって、メンバーを励まし、その成長を支援し、メンバーの心を一つにすることを通じて、素晴らしい仕事を為し遂げていくものである。

もし、我々が、この「心のマネジメント」と「成長のリーダーシップ」の力を身につけ、磨いていくならば、その二つの能力は、決してＡＩによって置き換えられることのない、人間だけが持つ、最高の能力に他ならない。

それゆえ、この二つの能力を身につけたとき、我々は、ただ「ＡＩに淘汰されることのない人材」という次元ではなく、二一世紀の高度知識社会で活躍する新たなマネジャーやリーダーとして、多くの仲間と共に歩み始めているだろう。

終話　「AI失業」という危機は、能力を磨く絶好機

さて、本書も最後となった。もう一度、本書の要点をまとめておこう。

現在の高度知識社会において、知的労働の現場で仕事をするためには、我々に、次の**「五つの能力」**が求められる。

第一「基礎的能力」（知的集中力と知的持続力）
第二「学歴的能力」（論理的思考力と知識の修得力）
第三「職業的能力」（直観的判断力と智恵の体得力）
第四「対人的能力」（コミュニケーション力とホスピタリティ力）
第五「組織的能力」（マネジメント力とリーダーシップ力）

そして、いかなる分野、いかなる職業であろうとも、もし、我々が、一人のプロフェッショナルとして「活躍する人材」になりたいのであれば、「基礎的能力」と「学歴的能力」だけでは不十分である。加えて、「職業的能力」や「対人的能力」、さらには「組織的能力」を身につけ、磨いていかなければならない。

それでも、これまでの時代には、「基礎的能力」と「学歴的能力」が身についていれば、**「活躍する人材」**になることはできなくとも、**「求められる人材」**になることはできた。企業や組織は、この二つの能力さえ優れていれば、何かの仕事に就くことはできた。企業や組織は、その「地頭の良さ」を買ってくれたからである。

しかし、これからのAI時代には、「基礎的能力」と「学歴的能力」だけで仕事をしている人材は、いずれ、AIに仕事を奪われていく。この二つの能力において、人間はAIにかなわないからである。そのため、こうした人材は、早晩、**「AI失業」**と呼ばれる状況に陥っていくことになる。

従って、このＡＩ失業を避けるためには、我々は、さらに高度な能力である「職業的能力」を身につけていかなければならない。

しかし、この「職業的能力」の中でも「直観的判断力」と呼ばれる能力については、ＡＩが「ディープ・ラーニング」（深層学習）の能力を身につけたことによって、いくつかの職業分野では、人間の能力を遥かに上回るようになってきている。

従って、この「直観的判断力」という能力についても、今後、かなりの職業分野で、ＡＩが人間を凌駕していくことを、覚悟しておかなければならない。

そして、この場合には、我々は、自身の職業において、他の高度な「職業的能力」を磨いていくか、さらに高度な「対人的能力」や「組織的能力」を身につけていくことが求められる。

いずれにしても、これからのＡＩ時代に、我々が「活躍する人材」になりたいのであれば、「職業的能力」「対人的能力」「組織的能力」という三つの能力を、高度なレベルで身につけ、磨いていかなければならない。

そこで、本書では、これからの時代に、ＡＩがどれほど発達し、普及しても、決して人間が淘汰されることのない高度な「職業的能力」「対人的能力」「組織的能力」として、特に重要な次の「**六つの力**」を取り上げ、それぞれ、その力を身につけ、磨いていく方法を述べた。

磨くべき「職業的能力」　「**智恵の体得力**」と「**智恵の伝承力**」

磨くべき「対人的能力」　「**非言語的コミュニケーション力**」と「**体験的共感力**」

磨くべき「組織的能力」　「**心のマネジメント力**」と「**成長のリーダーシップ力**」

本書においては、紙数の許すかぎり、これらの能力の具体的な磨き方について述べてきたが、さらに興味のある読者は、巻末の「さらに学びを深めたい読者のために」を参照して頂きたい。

本書の冒頭に述べたように、これからの激動の時代、人間の持つ「優秀さ」の中でも、特に大切なものは、

「これから到来する危機を、いち早く感じ取り、そのための備えをすることができる」

という「優秀さ」である。

そして、まもなく到来するＡＩ時代は、過去に例を見ない「ＡＩ失業」という危機を伴ってやってくる。

されば、賢明な読者諸氏が、その危機に備え、現在の能力をさらに高める努力、すなわち、「能力を磨く」という努力を始められることを願ってやまない。

しかし、それは、本当は、「生き残る」ためではない。「淘汰されない」ためではない。

なぜなら、ネット革命やＡＩ革命といった「**情報革命**」**の本質は、**「**人間を不要にする革命**」**ではない**からである。

その本質は、**「人間が、機械やコンピュータでは代替できない、より高度な仕事に取り組めるようになる革命であり、人間の能力をさらに大きく開花させる革命」**に他ならない。

そうであるならば、最後に、もう一度、繰り返しておこう。

「危機」(crisis)とは、「危険」(risk)と「機会」(opportunity)という二つの意味を含む言葉である。

これからのAI時代に到来する「AI失業の危機」を、読者諸氏が、文字通り「機会」へと転じ、さらには「好機」へと転じ、本書で述べた「三つの能力」を磨くことによって、これまで以上に「活躍する人材」になっていくことを、切に祈りたい。

そのことを述べ、そして、本書を通じての読者との出会いに感謝し、筆を擱《お》かせて頂こう。

これから始まるAI時代、さらなるご活躍を。

謝辞

最初に、日本実業出版社の編集長、中尾淳さんに、感謝します。
中尾さんの小生の著書への深い思いが、この本を生みました。
そして、この本の文庫化をご提案頂いた、ＰＨＰ研究所の編集長、
中村悠志さんに、感謝します。

また、国際社会経済研究所の理事長、藤沢久美さんに、感謝します。
一人のプロフェッショナルとして、何歳になっても、
「職業的能力」「対人的能力」「組織的能力」を磨き続けて歩む、
その真摯な姿に、感銘を受けます。

そして、様々な形で執筆を支えてくれる家族、
須美子、誓野、友に、感謝します。
家族の献身的な支えのお陰で、この執筆の日々がありますが、

こうして一冊の著書を上梓するとき、感謝の思いが深まります。
晴れた日、執筆の手を休め、書斎から窓の外を眺めると、
森の彼方に、白い雪に包まれた富士が聳え立っています。
満月の夜は、月の光に照らされた白銀の富士が、神秘的な姿を現し、
深い静寂とともに、「永遠の一瞬」が訪れます。

最後に、すでに他界した父母に、本書を捧げます。
「人は、生涯をかけて、学んでいかなければならないことがある」
ときおり、自らに語りかけるように呟かれていたその言葉、
そして、その後姿が、私の中に「成長への意欲」を育んでくれました。
その息子は、いまも、お二人の温かい眼差しを背に受け、
一筋の道を、歩み続けています。

二〇二二年一二月一九日

田坂広志

さらに学びを深めたい読者のために――自著による読書案内

本書で語ったテーマを、さらに深く学びたいと思う読者は、拙著ながら、次の六冊の本を読んで頂ければと思います。

『仕事の技法』（講談社現代新書）

この著書は、本書の第三話で語った「反省の技法」を詳しく説明したものです。特に「直後の反省対話」の具体的な実践方法については、実際に職場や仕事で経験する、様々なシーンでの対話を紹介しながら説明しています。また、「深夜の反省日記」の書き方についても、その要点と具体的な技法を述べています。

この「反省の技法」を実践することで、我々は、日々の仕事を通じて、職業人としての「技術」と「心得」を掴み、「職業的能力」を磨いていくことができます。

さらに、この著書で述べた「深層対話の技法」を実践するならば、本書の第四話で語った「非言語的コミュニケーション」の力を磨くことができ、我々の「対人的能力」と「組織的能力」は、確実に高まっていきます。

『成長の技法』（ＰＨＰ文庫）

この著書は、本書の第五話で語った「成長支援の技法」を詳しく説明したものです。我々自身の成長が止まるとき、また、部下やメンバーの成長が止まるとき、多くの場合、それは、「成長の七つの壁」に突き当たっているからです。この著書では、その壁について職場の事例を挙げて説明するとともに、その壁を越えるための「成長の七つの技法」について詳しく述べています。

『知性を磨く』（光文社新書）

この著書は、本書の第五話で語った「リーダーシップ力」について、さらに広い視野、深い次元で、その身につけ方を説明したものです。

我々が、技術や商品、事業や企業、市場や社会にイノベーションをもたらす「変革リーダー」をめざすならば、「思想」「ビジョン」「志」「戦略」「戦術」「技術」「人間力」という「七つのレベルの知性」を垂直統合して身につけなければなりません。この著書では、それぞれの知性の磨き方と、それらを垂直統合して身につける方法について語っています。

『人間を磨く』（光文社新書）

この著書は、本書の第二話で語った「人間関係力」の身につけ方を詳しく説明したものであり、人生や仕事における人間関係を好転させるための「こころの技法」を、「七つの技法」として語っています。また、その中で、「人を好きになる」という技法についても語っています。

『人は、誰もが「多重人格」』（光文社新書）

この著書は、本書で語った「能力を磨く」というテーマのさらに奥にある「才能を磨く」というテーマについて述べたものです。

もし、我々が、自分の中に眠る「隠れた才能」を開花させたいと思うならば、実は、自分の中に眠る「隠れた人格」を発見し、それを意識的に育てなければなりません。

この著書では、我々が、無意識に、自分の中の「隠れた人格」を抑圧し、「才能の開花」を妨げてしまう心理的プロセスを解き明かし、自分の中に眠る「様々な人格」を育て、「多様な才能」を開花させていく技法について語っています。

『仕事の思想』（ＰＨＰ文庫）

日本には「仕事を通じて己を磨く」という言葉がありますが、日々の仕事を通じて、職業人として、人間として成長していくためには、その根底に、確固とした「仕事の思想」がなければなりません。

この著書では、その「仕事の思想」を、「思想」「成長」「目標」「顧客」「共感」「格闘」「地位」「友人」「仲間」「未来」という一〇のキーワードを掲げて語りました。

出版以来、二三年を超え、若い世代の人々に読み継がれている著書でもあります。

「人生」を語る

『未来を拓く君たちへ』(PHP研究所)
『人生の成功とは何か』(PHP研究所)
『人生で起こること　すべて良きこと』(PHP研究所)
『逆境を越える「こころの技法」』(PHP研究所)
『すべては導かれている』(小学館、PHP研究所)
『運気を磨く』(光文社)

「仕事」を語る

『仕事の思想』(PHP研究所)
『なぜ、働くのか』(PHP研究所)
『仕事の報酬とは何か』(PHP研究所)

「成長」を語る

『知性を磨く』(光文社)　『人間を磨く』(光文社)
『直観を磨く』(講談社)
『人は、誰もが「多重人格」』(光文社)
『成長の技法』(PHP研究所)
『成長し続けるための77の言葉』(PHP研究所)
『知的プロフェッショナルへの戦略』(講談社)
『プロフェッショナル進化論』(PHP研究所)

「技法」を語る

『なぜ、時間を生かせないのか』(PHP研究所)
『仕事の技法』(講談社)
『意思決定 12の心得』(PHP研究所)
『経営者が語るべき「言霊」とは何か』(東洋経済新報社)
『ダボス会議に見る世界のトップリーダーの話術』(東洋経済新報社)
『企画力』(PHP研究所)　『営業力』(ダイヤモンド社)

主要著書

「思想」を語る

『死は存在しない』(光文社)
『生命論パラダイムの時代』(ダイヤモンド社)
『まず、世界観を変えよ』(英治出版)
『複雑系の知』(講談社)
『ガイアの思想』(生産性出版)
『使える弁証法』(東洋経済新報社)
『叡智の風』(IBCパブリッシング)
『深く考える力』(PHP研究所)

「未来」を語る

『未来を予見する「5つの法則」』(光文社)
『目に見えない資本主義』(東洋経済新報社)
『これから何が起こるのか』(PHP研究所)
『これから知識社会で何が起こるのか』(東洋経済新報社)
『これから日本市場で何が起こるのか』(東洋経済新報社)

「経営」を語る

『複雑系の経営』(東洋経済新報社)
『暗黙知の経営』(徳間書店)
『なぜ、マネジメントが壁に突き当たるのか』(PHP研究所)
『なぜ、我々はマネジメントの道を歩むのか』(PHP研究所)
『こころのマネジメント』(東洋経済新報社)
『ひとりのメールが職場を変える』(英治出版)
『まず、戦略思考を変えよ』(ダイヤモンド社)
『これから市場戦略はどう変わるのか』(ダイヤモンド社)
『運気を引き寄せるリーダー　7つの心得』(光文社)

著者情報

田坂塾への入塾

思想、ビジョン、志、戦略、戦術、技術、人間力という
「7つの知性」を垂直統合した
「21世紀の変革リーダー」への成長をめざす場
「田坂塾」への入塾を希望される方は
下記のサイト、もしくは、メールアドレスへ

http://hiroshitasaka.jp/tasakajuku/
(「田坂塾」で検索を)
tasakajuku@hiroshitasaka.jp

田坂塾大学への訪問

田坂広志の過去の著作や著書、講演や講話をアーカイブした
「田坂塾大学」は、広く一般に公開されています。訪問は、下記より

http://hiroshitasaka.jp/tasakajuku/college/
(「田坂塾大学」で検索を)

「風の便り」の配信

著者の定期メール「風の便り」の配信を希望される方は
下記「未来からの風フォーラム」のサイトへ

http://www.hiroshitasaka.jp
(「未来からの風」で検索を)

講演やラジオ番組の視聴

著者の講演やラジオ番組を視聴されたい方は
「田坂広志　公式チャンネル」のサイトへ
(「田坂広志　YouTube」で検索を)

著者略歴

田坂広志（たさかひろし）

1951年生まれ。1974年、東京大学工学部卒業。
1981年、東京大学大学院修了。工学博士（原子力工学）。
同年、民間企業入社。
1987年、米国シンクタンク、バテル記念研究所客員研究員。
同年、米国パシフィック・ノースウェスト国立研究所客員研究員。
1990年、日本総合研究所の設立に参画。
10年間に、延べ702社とともに、20の異業種コンソーシアムを設立。
ベンチャー企業育成と新事業開発を通じて
民間主導による新産業創造に取り組む。
取締役・創発戦略センター所長等を歴任。現在、同研究所フェロー。
2000年、多摩大学大学院教授に就任。社会起業家論を開講。現名誉教授。
同年、２１世紀の知のパラダイム転換をめざす
シンクタンク・ソフィアバンクを設立。代表に就任。
2005年、米国ジャパン・ソサエティより、日米イノベーターに選ばれる。
2008年、ダボス会議を主催する世界経済フォーラムの
Global Agenda Councilのメンバーに就任。
2009年より、ＴＥＤメンバーとして、毎年、ＴＥＤ会議に出席。
2010年、ダライ・ラマ法王14世、デズモンド・ツツ元大主教、
ムハマド・ユヌス博士、ミハイル・ゴルバチョフ元大統領ら、
４人のノーベル平和賞受賞者が名誉会員を務める
世界賢人会議・ブダペストクラブの日本代表に就任。
2011年、東日本大震災と福島原発事故に伴い、内閣官房参与に就任。
2013年、思想、ビジョン、志、戦略、戦術、技術、人間力という
「７つの知性」を垂直統合した
「２１世紀の変革リーダー」への成長をめざす場、「田坂塾」を開塾。
現在、全国から7700名を超える経営者やリーダーが集まっている。
2021年、田坂広志の過去の著作や著書、講演や講話をアーカイブした
「田坂塾大学」を開学。広く一般に公開している。
著書は、国内外で100冊余。海外でも旺盛な出版・講演活動を行っている。

本書をお読み頂き、有り難うございました。
このご縁に感謝いたします。

お時間があれば、
本書の感想や著者へのメッセージを、
お送り頂ければ幸いです。

下記の個人アドレスか、ＱＲコードから、
メッセージを、お送りください。

小生が、直接、拝読いたします。

田坂広志　拝

tasaka@hiroshitasaka.jp

この作品は、2019年4月に日本実業出版社より刊行された、
同タイトルの書籍に、加筆、修正をしたものです。

PHP文庫　能力を磨く
AI時代に活躍する人材「3つの能力」

2023年1月24日　第1版第1刷

著　者　田坂広志
発行者　永田貴之
発行所　株式会社PHP研究所
東京本部　〒135-8137 江東区豊洲5-6-52
ビジネス・教養出版部　☎03-3520-9617(編集)
普及部　☎03-3520-9630(販売)
京都本部　〒601-8411 京都市南区西九条北ノ内町11
PHP INTERFACE　https://www.php.co.jp/
組　版　有限会社エヴリ・シンク
印刷所　大日本印刷株式会社
製本所　東京美術紙工協業組合

ISBN978-4-569-90295-1

田坂広志の本

仕事の思想

なぜ我々は働くのか

田坂広志 著

働くことの意味を、思想、成長、目標、顧客、共感、格闘、地位、友人、仲間、未来、というテーマを掲げて語った、二〇年を超えて読み継がれる、永遠のロングセラー。

田坂広志の本

成長の技法

成長を止める七つの壁、壁を越える七つの技法

田坂広志 著

なぜ、優秀な人ほど、成長が壁に突き当たるのか？　永年に渡って、多くのプロフェッショナルを育ててきた著者が語る、成長論の決定版。眠れる才能が、目覚める一冊。

田坂広志の本

すべては導かれている

逆境を越え、人生を拓く　五つの覚悟

田坂広志　著

いかなる逆境においても、この五つの覚悟を定めるならば、必ず、逆境を越える力と叡智が湧き上がり、強い運気を引き寄せる。生死の体験を通じて掴んだ、迫真の思想。